CARTE DE BUCATE PENTRU DIETA MEDITERANEANĂ PENTRU ÎNCEPĂTORI 2023

PESTE 100 DE REȚETE UȘOARE ȘI AROMATE, UN PLAN DE MASĂ DE 30 DE ZILE PENTRU A VĂ AJUTA SĂ VĂ DEZVOLTAȚI SĂNĂTATEA

Valentin Diaconu

Toate drepturile rezervate.

Disclaimer

Informațiile conținute în această carte electronică sunt menite să servească drept o colecție cuprinzătoare de strategii despre care autorul acestei cărți electronice a făcut cercetări. Rezumatele, strategiile, sfaturile și trucurile sunt recomandate doar de autor, iar citirea acestei cărți electronice nu va garanta că rezultatele cuiva vor oglindi exact rezultatele autorului. Autorul cărții electronice a depus toate eforturile rezonabile pentru a oferi informații actuale și exacte pentru cititorii cărții electronice. Autorul și asociații săi nu vor fi făcuți la răspundere pentru orice eroare sau omisiuni neintenționate care pot fi găsite. Materialul din cartea electronică poate include informații de la terți. Materialele terților cuprind opinii exprimate de proprietarii acestora. Ca atare, autorul cărții electronice nu își asumă responsabilitatea sau răspunderea pentru niciun material sau opinii ale terților.

Cartea are drepturi de autor © 2023 cu toate drepturile rezervate. Este ilegal să redistribuiți, să copiați sau să creați lucrări derivate din această carte electronică, integral sau parțial. Nicio parte a acestui raport nu poate fi reprodusă sau retransmisă sub nicio formă, fără permisiunea scrisă exprimată și semnată din partea autorului.

CUPRINS

CUPRINS 3
INTRODUCERE 7
   1. Gambas de creveți 9
   2. Vinaigretă de midii 11
   3. Ardei umpluți cu orez 14
   4. Calamari cu rozmarin si ulei de chili 16
   5. Salata Tortellini 19
   6. Salata de Paste Caprese 21
   7. Bruscheta balsamica 23
   8. Mingi de pizza 25
   9. Fritje crocante de creveți 27
   10. Roșii umplute 30
   11. Bejelii de cod sarat cu Aioli 32
   12. Crochete cu creveți 35
   13. Cartofi crocanti condimentati 37
   14. Mușcături de scoici și prosciutto 40
   15. Vinete cu miere 42
   16. Cârnați gătiți în cidru 44
   17. Mușcături italiene de patiserie de pui 46
   18. Kebab de vită spaniolă 48
   19. Mix crocant de floricele italiene 51
   20. bile Arancini 53
   21. Manchego cu conserva de portocale 56
   22. Nachos italian 59
   23. Pintxo de pui 62
   24. Învelișuri italiene de vită 64

25. Rulouri cu pepperoni italian 66
26. Orez italian spaniol 68
27. Italian Twist Paella 71
28. Salată spaniolă de cartofi 74
29. Carbonara spaniolă 77
30. Chiftele în sos de roșii 79
31. Supă de fasole albă 81
32. Ciodă de pește 83
33. Cremă spaniolă de portocale-lămâie 85
34. Pepene beat 87
35. Sorbet de migdale 89
36. Torte spaniolă cu mere 91
37. Crema de caramel 94
38. Cheesecake spaniol 96
39. Cremă spaniolă prăjită 98
40. Plăcintă italiană cu anghinare 101
41. Piersici coapte italiene 104
42. Tort italian picant cu prune-prune 106
43. Pasta e Fagioli 109
44. Supă de chiftelute și tortellini 112
45. Pui Marsala 114
46. Pui Cheddar cu usturoi 116
47. Fetuccini de pui Alfredo 119
48. Ziti cu Carnat 122
49. Cârnați și Ardei 125
50. Lasagna ascuțită 128
51. Diavolo Seafood Cina 131
52. Linguine și scampi de creveți 134

53. Creveți cu sos de cremă pesto 137
54. Supă de pește și chorizo 139
55. Affogato 142
56. Sos Tahini 144
57. Sos de iaurt cu usturoi 146
58. Sos de avocado-iaurt 148
59. Tahini-Sos de iaurt 150
60. Anchoïade 152
61. Pesto de busuioc 154
62. Harissa 157
63. Trandafir Harissa 159
64. Lămâi conservate 161
65. Napi roz murați 163
66. Ceapă murată rapidă 166
67. Ratatouille spaniolă 168
68. Tocană de fasole și chorizo 170
69. Gazpacho 172
70. Calamar și orez 175
71. Tocană de iepure în roșii 178
72. Creveți cu Fenicul 180
73. Salată crocantă de anghinare cu vinaigretă de lămâie 182
74. Salată de morcovi și somon afumat 185
75. Salata de sfecla cu iaurt condimentat si nasturel 188
76. Fattoush cu Butternut Squash și Apple ... 191
77. Panzanella cu Fiddleheads 194
78. Salata de legume tocate si fructe cu sambure 197
79. Salata de patrunjel-castraveti cu feta 199
80. Salată de mazăre triplă 201

81. Salată de cartofi dulci cu migdale 204
82. Horiatiki Salata 207
83. Salată Feta, Jicama și Roșii 210
84. Salată de dovleac Pattypan prăjită 213
85. Panna Cotta de ciocolată 216
86. Cheesy Galette cu Salam 218
87. Tiramisu 221
88. Plăcintă cremoasă de ricotta 223
89. Biscuiti Anisette 225
90. Panna Cotta 227
91. Flan de Caramel 229
92. Cremă Catalană 231
93. Bomboane cu nuci spaniole 233
94. Budincă cu miere 235
95. Torte de ceapă spaniolă 237
96. Sufleu spaniol 239
97. Miere congelată Semifreddo 241
98. Zabaglione 244
99. Ceapa Sumac 246
100. Zhoug verde 248

CONCLUZIE **250**

INTRODUCERE

Peste 100 de rețete ușoare și aromate, plan de masă de 30 de zile pentru a vă ajuta să vă construiți obiceiuri sănătoase.

✓Căutați o carte de bucate care să reducă caloriile și să creeze obiceiuri alimentare sănătoase, fără a sacrifica aroma?

✓Căutați o dietă pentru orice nevoie: slăbire, sănătatea inimii, sănătatea creierului, longevitatea și intestinul sănătos?

✓Ai nevoie de un plan de dietă perfect de 30 de zile care să te ajute să obții cu ușurință o dietă delicioasă și sănătoasă, fără a fi nevoie să te gândești la ce să mănânci în continuare?

Atunci această carte de bucate pentru dieta mediteraneană va fi perfectă pentru tine, prietenoasă atât pentru începători, cât și pentru utilizatorii avansați, ghidul de încredere pentru gătit și mâncare în mod mediteranean, oferind un echilibru perfect de legume, cereale, fructe, proteine de înaltă calitate, porții generoase de ulei de măsline. , și ocazional porții de carne și pește.

<u>Iată ce veți găsi în acest ghid cuprinzător:</u>

Bazele dietei mediteraneene. Aflați mai multe despre ce este dieta mediteraneană, principiile care stau la baza de urmat și cum oferă îndrumări sănătoase pentru pierderea durabilă în greutate și stabilirea obiceiurilor alimentare sănătoase.

Rețete rapide și ușoare. Veți găsi o varietate infinită de rețete rapide și ușoare împărțite pe categorii și împodobite cu informații utile precum valorile nutriționale, timpii de preparare și gătirea, menite să încânte palatul și să promoveze starea de bine.

Un plan de dietă de 30 de zile. Un plan de masă mediteraneean de 30 de zile ușor de urmat pentru a începe, cu liste complete de cumpărături și alimente și sfaturi pentru crearea propriilor meniuri.

Rețetele din diferite categorii pot fi combinate într-un plan de masă zilnic nerepetitiv de 100 de zile:

- Rețete de mic dejun
- Peste si fructe de mare
- Rețete de legume și fără carne
- Fasole, cereale și paste
- Fructe, Deserturi și Gustări
- Garnituri, salate și supe
- Carne de pasăre și carne.

1. Gambas de creveți

Porți 6

Ingrediente:
- 1/2 cană ulei de măsline
- Suc de 1 lămâie
- 2 lingurite sare de mare
- 24 de creveți mijlocii-mari, în coajă cu capetele intacte

Directii:

a) Într-un castron, amestecați uleiul de măsline, sucul de lămâie și sarea și amestecați până se omogenizează bine. Pentru a acoperi ușor creveții, scufundați-i în amestec pentru câteva secunde.

b) Într-o tigaie uscată, încălziți uleiul la foc mare. Lucrând în loturi, adăugați creveții într-un singur strat fără a înghesui tigaia când este foarte fierbinte. 1 minut de ars

c) Reduceți focul la mediu și gătiți încă un minut. Creșteți focul la mare și prăjiți creveții încă 2 minute sau până devin aurii.

d) Păstrați creveții la cald într-un cuptor mic, pe o farfurie rezistentă la cuptor.

e) Gătiți creveții rămași în același mod.

2. Vinaigretă de midii

Porții: Face 30 de tapas

Ingrediente:
- 2 1/2 duzină de midii, curățate și bărbile îndepărtate Salată verde mărunțită
- 2 linguri ceapa verde tocata
- 2 linguri de ardei verde tocat
- 2 linguri de ardei rosu tocat
- 1 lingurita patrunjel tocat
- 4 linguri ulei de măsline
- 2 linguri de oțet sau suc de lămâie
- Strop de sos de ardei roșu
- Sarat la gust

Directii:

a) Se deschid midiile la abur.

b) Puneți-le într-o oală mare cu apă. Acoperiți și gătiți la foc mare, amestecând din când în când tigaia, până se deschid cojile. Scoateți midiile de pe foc și aruncați-le pe cele care nu se deschid.

c) Midiile pot fi încălzite și în cuptorul cu microunde pentru a le deschide. Puneți-le la microunde timp de un minut la putere maximă într-un vas sigur pentru cuptorul cu microunde, parțial acoperit.

d) Pune la microunde încă un minut după amestecare. Scoateți toate midiile care s-au deschis și gătiți încă un minut în cuptorul cu microunde. Scoateți-le pe cele care sunt deschise încă o dată.

e) Scoateți și aruncați cojile goale când sunt suficient de reci pentru a fi manipulate.

f) Pe o tavă de servire, pune midii pe un pat de salată verde mărunțită chiar înainte de servire.

g) Combinați ceapa, ardeiul verde și roșu, pătrunjelul, uleiul și oțetul într-un vas de amestecare.

h) Sos de sare si piper rosu dupa gust. Umpleți cojile midii pe jumătate cu amestecul.

3. Ardei umpluți cu orez

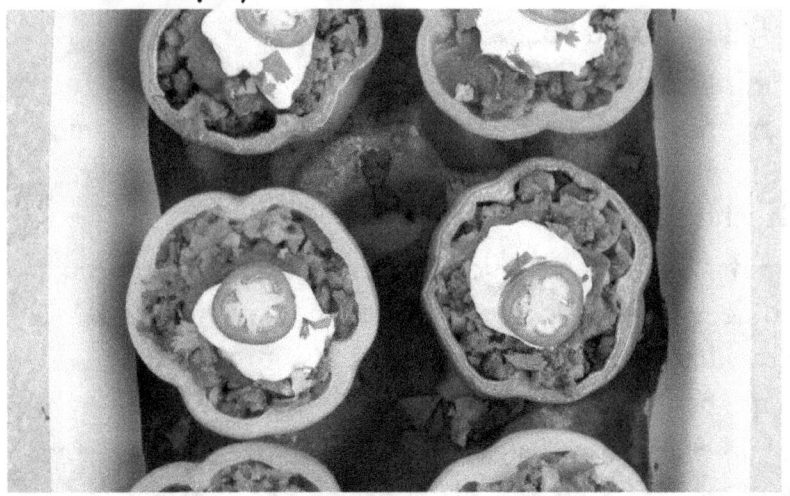

Porții: 4

Ingrediente:
- 1 lb. 2 oz. Orez spaniol cu granule scurte, cum ar fi Bomba sau Calasparra
- 2-3 linguri ulei de masline
- 4 ardei roșii mari
- 1 ardei rosu mic, tocat
- 1/2 ceapa, tocata
- 1/2 rosie, decojita si tocata
- 5 oz. carne de porc tocata/tocata sau 3 oz. cod de sare
- Șofran
- Pătrunjel proaspăt tocat
- Sare

Directii:
a) Răzuiți membranele interioare cu o linguriță după ce tăiați capetele tulpinii ardeilor și le păstrați ca capace pentru a le reintroduce mai târziu.
b) Se incinge uleiul si se caleste usor ardeiul rosu pana devine moale.
c) Prăjiți ceapa până se înmoaie, apoi adăugați carnea și rumeniți-o ușor, adăugând roșia după câteva minute, apoi adăugați ardeiul fiert, orezul crud, șofranul și pătrunjelul. Asezonați cu sare după gust.
d) Umpleți cu grijă ardeii și așezați-i pe lateral pe o tavă rezistentă la cuptor, având grijă să nu vărsați umplutura.
e) Gătiți vasul într-un cuptor încins pentru aproximativ 1 1/2 oră, acoperit.
f) Orezul este gătit în lichidele de roșii și ardei.

4. Calamari cu rozmarin si ulei de chili

Porții: 4

Ingrediente:

- Ulei de măsline extra virgin
- 1 buchet de rozmarin proaspăt
- 2 ardei iute roșii întregi, fără semințe și tocați mărunt 150 ml smântână
- 3 galbenusuri de ou
- 2 linguri de parmezan ras
- 2 linguri de făină simplă
- Sare și piper negru proaspăt măcinat
- 1 cățel de usturoi, curățat și zdrobit
- 1 lingurita oregano uscat
- Ulei vegetal pentru prăjire
- 6 Calamar, curatat si taiat rondele
- Sare

Directii:

a) Pentru a face dressingul, încălziți uleiul de măsline într-o cratiță mică și amestecați rozmarinul și chiliul. Scoateți din ecuație.

b) Într-un castron mare, amestecați smântâna, gălbenușurile de ou, parmezanul, făina, usturoiul și oregano. Se amestecă până când aluatul este omogen. Se condimentează cu piper negru, proaspăt măcinat.

c) Preîncălziți uleiul la 200°C pentru prăjire sau până când un cub de pâine se rumenește în 30 de secunde.

d) Înmuiați inelele de calmar, pe rând, în aluat și puneți-le cu grijă în ulei. Gatiti pana se rumenesc, aproximativ 2-3 minute.

e) Se scurge pe hartie de bucatarie si se serveste imediat cu dressingul turnat deasupra. Dacă este necesar, asezonați cu sare.

5. Salata Tortellini

Porții: 8

Ingrediente:
- 1 pachet tortellini cu branza tricolore
- ½ cană pepperoni tăiat cubulețe
- ¼ cană de ceai tăiat felii
- 1 ardei gras verde taiat cubulete
- 1 cană de roșii cherry tăiate în jumătate
- 1¼ cani măsline Kalamata feliate
- ¾ cană inimioare de anghinare marinate tocate 6 oz. brânză mozzarella tăiată cubulețe 1/3 cană sos italian

Directii:
a) Gatiti tortellini conform Instructiunilor de pe ambalaj, apoi scurgeti.
b) Turnați tortellini cu ingredientele rămase, cu excepția sosului, într-un castron mare.
c) Stropiți dressingul deasupra.
d) Se lasa 2 ore la rece.

6. Salata de Paste Caprese

Porții: 8

Ingrediente:
- 2 cani de paste penne fierte
- 1 cană pesto
- 2 rosii tocate
- 1 cană de brânză mozzarella tăiată cubulețe
- Sare si piper dupa gust
- 1/8 linguriță de oregano
- 2 lingurite otet de vin rosu

Directii:
a) Gatiti pastele conform Instructiunilor de pe ambalaj, care ar trebui sa dureze aproximativ 12 minute. Scurgere.
b) Într-un castron mare, combinați pastele, pesto, roșiile și brânza; asezonați cu sare, piper și oregano.
c) Stropiți deasupra oțet de vin roșu.
d) Se lasa deoparte 1 ora la frigider.

7. Bruscheta balsamica

Porții: 8

Ingrediente:
- 1 cană de roșii rom fără semințe și tăiate cubulețe
- ¼ cană busuioc tocat
- ½ cană brânză pecorino mărunțită
- 1 catel de usturoi tocat
- 1 lingura otet balsamic
- 1 lingurita ulei de masline
- Sare și piper după gust - atenție, deoarece brânza este oarecum sărată de la sine.
- 1 felie de pâine franțuzească
- 3 linguri ulei de masline
- ¼ linguriță de usturoi pudră
- ¼ linguriță busuioc

Directii:
a) Într-un vas de amestecat, combinați roșiile, busuiocul, brânza pecorino și usturoiul.
b) Într-un castron mic, amestecați oțetul și 1 lingură ulei de măsline; pune deoparte. c) Stropiți feliile de pâine cu ulei de măsline, pudră de usturoi și busuioc.
c) Se pune pe o tava de copt si se prajeste timp de 5 minute la 350 de grade.
d) Scoateți din cuptor. Apoi adăugați deasupra amestecul de roșii și brânză.
e) Dacă este necesar, asezonați cu sare și piper.
f) Serviți imediat.

8. bile de pizza

Porții: 10

Ingrediente:
- 1 lb. cârnați măcinați măcinați
- 2 căni de amestec Bisquick
- 1 ceapa tocata
- 3 catei de usturoi tocati
- ¾ lingurițe de condimente italiene
- 2 căni de brânză mozzarella mărunțită
- 1 ½ cană de sos de pizza - împărțit
- ¼ cană parmezan

Directii:
a) Preîncălziți cuptorul la 400 de grade Fahrenheit.
b) Pregătiți o foaie de copt stropind-o cu spray de gătit antiaderent.
c) Amestecați cârnații, amestecul Bisquick, ceapa, usturoiul, condimentele italiene, brânză mozzarella și 12 căni de sos de pizza într-un castron.
d) După aceea, adăugați suficientă apă pentru a face funcționalitatea.
e) Rulați aluatul în bile de 1 inch.
f) Stropiți parmezanul peste biluțele de pizza.
g) După aceea, puneți biluțele pe foaia de copt pe care ați pregătit-o.
h) Preîncălziți cuptorul la 350°F și coaceți timp de 20 de minute.
i) Serviți cu restul de sos de pizza pe partea laterală pentru înmuiere.

9. Fritje crocante de creveți

Porți 6

Ingrediente:
- ½ kg de creveți mici, decojiți
- 1½ cană de năut sau făină obișnuită
- 1 lingură pătrunjel proaspăt cu frunze plate tocat
- 3 ceai, partea alba si putin din blaturile verzi fragede, tocate marunt
- ½ linguriță boia dulce/pimenton
- Sare
- Ulei de măsline pentru prăjire

Directii:

a) Gatiti crevetii intr-o cratita cu apa cat sa ii acopere si aduceti la fiert la foc mare.

b) Într-un castron sau într-un robot de bucătărie, combinați făina, pătrunjelul, ceapa și pimentón pentru a obține aluatul. Adăugați apa de gătit răcită și un praf de sare.

c) Amestecați sau procesați până când obțineți o textură care este puțin mai groasă decât aluatul de clătite. Dati la frigider 1 ora dupa acoperire.

d) Scoateți creveții din frigider și tocați-i mărunt. Cafeaua măcinată trebuie să aibă dimensiunea bucăților.

e) Scoateți aluatul din frigider și adăugați creveții.

f) Într-o tigaie grea, turnați uleiul de măsline la o adâncime de aproximativ 1 inch și încălziți la foc mare până când practic devine afumat.

g) Pentru fiecare pâine, turnați 1 lingură de aluat în ulei și aplatizați aluatul cu dosul unei linguri într-o formă circulară de 3 1/2 inci în diametru.

h) Se prăjește aproximativ 1 minut pe fiecare parte, rotindu-se o dată, sau până când prajiturile sunt aurii și crocante.

i) Scoateți prăjiturile cu o lingură cu fantă și puneți-le pe o tavă rezistentă la cuptor.

j) Serviți imediat.

10. Roșii umplute

Ingrediente:

- 8 roșii mici sau 3 mari
- 4 oua fierte tari, racite si curatate de coaja
- 6 linguri Aioli sau maioneză
- Sare si piper
- 1 lingura patrunjel, tocat
- 1 lingură pesmet alb, dacă folosiți roșii mari

Directii:

a) Puneți roșiile într-un lighean cu apă cu gheață sau extrem de rece după ce le-ați jupuit într-o oală cu apă clocotită timp de 10 secunde.

b) Tăiați vârfurile roșiilor. Folosind o linguriță sau un cuțit mic și ascuțit, răzuiți semințele și interiorul.

c) Pasează ouăle cu aioli (sau maioneza, dacă folosești), sare, piper și pătrunjel într-un castron.

d) Umpleți roșiile cu umplutură, apăsând-le ferm. Înlocuiți capacele într-un unghi liniștit pe roșii mici.

e) Umpleți roșiile până la vârf, apăsând ferm până se nivelează. Dați la frigider timp de 1 oră înainte de a tăia inele folosind un cuțit ascuțit.

f) Se orneaza cu patrunjel.

11. Bejjelii de cod cu aioli

Porți 6

Ingrediente:
- 1 lb. cod sare, înmuiat
- 3 1/2 oz. pesmet alb uscat
- 1/4 lb. cartofi făinoase
- Ulei de măsline, pentru prăjire superficială
- 1/4 cană lapte
- Roți de lămâie și frunze de salată, de servit
- 6 cepe primavara tocate marunt
- Aioli

Directii:
a) Într-o cratiță cu apă clocotită ușor sărată, fierbeți cartofii, necurățati, timp de aproximativ 20 de minute, sau până când se înmoaie. Scurgere.
b) Curățați cartofii imediat ce sunt suficient de reci pentru a fi manipulați, apoi pasați cu o furculiță sau cu un zdrobitor.
c) Într-o cratiță, combinați laptele și jumătate din ceapa primăvară și aduceți la fiert. Adăugați codul la înmuiat și braconați timp de 10-15 minute, sau până când se fulg ușor. Scoateți codul din tigaie și fulgi-l într-un castron cu o furculiță, îndepărtând oasele și pielea.
d) Adăugați 4 linguri de piure de cartofi cu codul și combinați cu o lingură de lemn.
e) Se lucrează în uleiul de măsline, apoi se adaugă treptat piureul de cartofi rămas. Combinați ceapa primăvară și pătrunjelul rămase într-un bol de amestecare.
f) După gust, asezonați cu suc de lămâie și piper.
g) Într-un castron separat, bate un ou până se omogenizează bine, apoi dă la rece până se solidifică.

h) Rulați amestecul de pește răcit în 12-18 bile, apoi aplatizați ușor în prăjituri rotunde.
i) Fiecare trebuie mai întâi înfăinat, apoi scufundat în oul bătut rămas și terminat cu pesmet uscat.
j) Se da la frigider pana este gata de prajit.
k) Într-o tigaie mare și grea, încălziți aproximativ 3/4 inci ulei. Gătiți prăjiturile timp de aproximativ 4 minute la foc mediu-înalt.
l) Întoarceți-le și gătiți încă 4 minute, sau până când devin crocante și aurii pe cealaltă parte.
m) Scurgeți pe prosoape de hârtie înainte de a servi cu Aioli, felii de lămâie și frunze de salată.

12. Crochete cu creveți

Produce aproximativ 36 de unități

Ingrediente:
- 3 1/2 oz. unt
- 4 uncii. făină simplă
- 1 1/4 litri lapte rece
- Sare si piper
- 14 oz. creveți fierți decojiți, tăiați cubulețe
- 2 lingurite piure de rosii
- 5 sau 6 linguri de pesmet fin
- 2 ouă mari, bătute
- Ulei de măsline pentru prăjire

Directii:

a) Într-o cratiță medie, se topește untul și se adaugă făina, amestecând continuu.

b) Stropiți încet laptele răcit, amestecând continuu, până obțineți un sos gros, neted.

c) Adăugați creveții, condimentați generos cu sare și piper, apoi amestecați pasta de roșii. Gatiti inca 7-8 minute.

d) Luați o lingură mică de ingrediente și rulați-o într-o crochete cilindrice de 1 1/2 - 2 inchi.

e) Rulați crochetele în pesmet, apoi în oul bătut, iar ultimul în pesmet.

f) Într-o tigaie mare, cu fundul greu, încălziți uleiul pentru prăjire până ajunge la 350 ° F sau un cub de pâine devine maro auriu în 20-30 de secunde.

g) Se prăjește aproximativ 5 minute în loturi de cel mult 3 sau 4 până când se rumenesc.

h) Folosind o lingură cu fantă, scoateți puiul, scurgeți-l pe hârtie de bucătărie și serviți imediat.

13. Cartofi crocanti condimentati

Porții: 4

Ingrediente:
- 3 linguri de ulei de măsline
- 4 cartofi rușini, curățați și tăiați cubulețe
- 2 linguri ceapa tocata
- 2 catei de usturoi, tocati
- Sare și piper negru proaspăt măcinat
- 1 1/2 linguri boia spaniola
- 1/4 lingurita Sos Tabasco
- 1/4 linguriță de cimbru măcinat
- 1/2 cană Ketchup
- 1/2 cană maioneză
- Pătrunjel tocat, pentru ornat
- 1 cană ulei de măsline, pentru prăjit

Directii:

Sosul brava:

a) Încinge 3 linguri de ulei de măsline într-o cratiță la foc mediu. Se caleste ceapa si usturoiul pana se inmoaie ceapa.

b) Luați tigaia de pe foc și adăugați boia de ardei, sosul Tabasco și cimbru.

c) Într-un bol de amestecare, combinați ketchup-ul și maioneza.

d) După gust, asezonați cu sare și piper. Scoateți din ecuație.

Cartofii:

e) Condimentează ușor cartofii cu sare și piper negru.

f) Prăjiți cartofii în 1 cană (8 fl. oz.) ulei de măsline într-o tigaie mare până se rumenesc și sunt gătiți, amestecând din când în când.

g) Scurgeți cartofii pe prosoape de hârtie, gustați-i și asezonați cu sare dacă este necesar.

h) Pentru a păstra cartofii crocanți, combinați-i cu sosul chiar înainte de servire.

i) Se serveste cald, ornat cu patrunjel tocat.

14. Mușcături de scoici și prosciutto

Porții: 8

Ingrediente:
- ½ cană de prosciutto feliat subțire
- 3 linguri crema de branza
- 1 lb. scoici
- 3 linguri ulei de masline
- 3 catei de usturoi tocati
- 3 linguri de parmezan
- Sare și piper după gust - atenție, deoarece prosciutto-ul va fi sărat

Directii:
a) Aplicați un strat mic de cremă de brânză pe fiecare felie de prosciutto.
b) Apoi, înfășurați o felie de prosciutto în jurul fiecărei scoici și fixați-o cu o scobitoare.
c) Într-o tigaie se încălzește uleiul de măsline.
d) Gatiti usturoiul timp de 2 minute intr-o tigaie.
e) Adăugați scoicile învelite în folie și gătiți timp de 2 minute pe fiecare parte.
f) Deasupra se intinde parmezan.
g) Adăugați sare și piper după gust, dacă doriți.
h) Stergeți excesul de lichid cu un prosop de hârtie.

15. Vinete cu miere

Porții: 2

Ingrediente:
- 3 linguri Miere
- 3 vinete
- 2 cani de lapte
- 1 lingura sare
- 1 lingura piper
- 100g faina
- 4 linguri ulei de măsline

Directii:
a) Taiati vinetele felii subtiri.
b) Într-un vas de amestecat, combinați vinetele. Turnați suficient lapte în lighean pentru a acoperi complet vinetele. Se condimentează cu un praf de sare.
c) Se lasă cel puțin o oră la macerat.
d) Scoateți vinetele din lapte și lăsați-le deoparte. Folosind făină, acoperiți fiecare felie. Acoperiți într-un amestec de sare și piper.
e) Intr-o tigaie se incinge uleiul de masline. Se prajesc feliile de vinete la 180 de grade C.
f) Puneți vinetele prăjite pe prosoape de hârtie pentru a absorbi excesul de ulei.
g) Stropiți vinetele cu miere.
h) Servi.

16. Cârnați gătiți în cidru

Porții: 3

Ingrediente:
- 2 căni de cidru de mere
- 8 cârnați chorizo
- 1 lingurita ulei de masline

Directii:
a) Tăiați chorizo-ul în felii subțiri.
b) Într-o tigaie se încălzește uleiul. Preîncălziți cuptorul la mediu.
c) Adăugați chorizo-ul. Se prăjește până când culoarea alimentelor se schimbă.
d) Se toarnă cidrul. Gatiti timp de 10 minute, sau pana cand sosul s-a ingrosat putin.
e) Pâinea trebuie servită cu acest fel de mâncare.
f) Bucurați-vă!!!

17. Mușcături italiene de patiserie de pui

Porții: 8 pachete

Ingredient
- 1 cutie Crescent Rolls (8 role)
- 1 cană pui tocat, gătit
- 1 lingura sos spaghetti
- ½ lingurita de usturoi tocat
- 1 lingură brânză Mozzarella

Directii:

a) Preîncălziți cuptorul la 350 de grade Fahrenheit. Combinați puiul, sosul și usturoiul într-o tigaie și gătiți până se încălzesc.

b) Triunghiuri făcute din rulouri de semilună separate. Distribuiți amestecul de pui în centrul fiecărui triunghi.

c) Dacă doriți, distribuiți brânza într-un mod similar.

d) Ciupiți părțile laterale ale ruloului împreună și înfășurați puiul.

e) Pe o piatră de copt, coaceți timp de 15 minute sau până devin aurii.

18. Kebab spaniol de vita

Porții: 4 porții

Ingredient

- ½ cană suc de portocale
- ¼ cană suc de roșii
- 2 lingurite ulei de masline
- 1½ linguriță suc de lămâie
- 1 lingurita de oregano, uscat
- ½ linguriță Boia
- ½ linguriță de chimion, măcinat
- ¼ lingurita Sare
- ¼ lingurita Piper, negru
- 10 uncii carne de vită slabă dezosată; tăiat în cuburi de 2".
- 1 ceapa rosie medie; tăiate în 8 felii
- 8 roșii cherry fiecare

Directii:

a) Pentru a face marinada, combinați sucul de portocale și roșii, uleiul, suc de lămâie, oregano, boia de ardei, chimen, sare și piper într-o pungă de plastic sigilabilă de dimensiunea unui galon.

b) Adăugați cuburile de carne; sigilați punga, presând aerul; se rotește pentru a acoperi carnea de vită.

c) Dați la frigider pentru cel puțin 2 ore sau peste noapte, aruncând punga din când în când. Folosind spray de gătit antiaderent, acoperiți grătarul.

d) Așezați grătarul la 5 inci distanță de cărbuni. Urmați instrucțiunile producătorului pentru grătar.

e) Scurgeți friptura și puneți deoparte marinada.

f) Folosind 4 frigarui de metal sau de bambus înmuiat, înfileți cantități egale de carne de vită, ceapă și roșii.

g) Prăjiți kebab-urile timp de 15-20 de minute sau până când sunt gata după bunul plac, rotindu-le și ungeți des cu marinada rezervată.

19. Mix crocant de floricele italiene

Porții: 10 porții

Ingredient
- 10 cesti floricele popcorn; 3,5 oz., punga pentru microunde este această cantitate
- 3 căni de gustări din porumb în formă de gărgăriță
- ¼ cană margarină sau unt
- 1 lingurita condimente italiene
- ½ linguriță pudră de usturoi
- ⅓ cană parmezan

Directii:

a) Într-un castron mare care poate fi cuptor cu microunde, combinați floricelele de porumb și gustarea de porumb. Într-o măsură microsigură de 1 cană, combinați ingredientele rămase, cu excepția brânzei.

b) Puneți la microunde timp de 1 minut la foc mare sau până când margarina se topește; se amestecă. Se toarnă amestecul de floricele deasupra.

c) Se amestecă până când totul este acoperit în mod egal. Se pune la microunde, neacoperit, timp de 2-4 minute, până se prăjește, amestecând în fiecare minut. Deasupra trebuie presărat parmezan.

d) Se serveste fierbinte.

20. bile Arancini

Face 18

Ingrediente
- 2 linguri ulei de masline
- 15 g unt nesarat
- 1 ceapa, tocata marunt
- 1 cățel mare de usturoi, zdrobit
- 350 g orez risotto
- 150 ml vin alb sec
- 1,2 l supa fierbinte de pui sau legume
- 150 g parmezan, ras fin
- 1 lămâie, tăiată fin
- 150 g bile de mozzarella, tăiată în 18 bucăți mici
- ulei vegetal, pentru prăjire

Pentru acoperire
- 150 g faina simpla
- 3 oua mari, batute usor
- 150 g pesmet fin uscat

Directii:
a) Într-o cratiță, încălziți uleiul și untul până devine spumos. Adăugați ceapa și un praf de sare și gătiți timp de 15 minute, sau până se înmoaie și devine translucide, la foc mic.

b) Gatiti inca un minut dupa ce adaugati usturoiul.

c) Adăugați orezul și fierbeți încă un minut înainte de a adăuga vinul. Aduceți lichidul la fiert și gătiți până s-a redus la jumătate.

d) Se toarnă jumătate din bulion și se amestecă în continuare până când cea mai mare parte a lichidului a fost absorbită.

e) Pe măsură ce orezul absoarbe lichidul, adăugați bulionul rămas câte o oală, amestecând constant, până când orezul este fiert.
f) Adauga parmezanul si coaja de lamaie si asezoneaza cu sare si piper dupa gust. Pune risotto într-o tavă cu buze și lasă deoparte să se răcească la temperatura camerei.
g) Împărțiți risotto-ul răcit în 18 părți egale, fiecare de dimensiunea unei mingi de golf.
h) În palmă, turtiți o bilă de risotto și puneți o bucată de mozzarella în centru, apoi înfășurați brânza în orez și formați-o într-o bilă.
i) Continuați cu bilele de risotto rămase în același mod.
j) În trei feluri de mâncare puțin adânci, combinați făina, ouăle și pesmetul. Fiecare minge de risotto trebuie înfăinată mai întâi, apoi înmuiată în ouă și în final pesmet. Se aseaza pe o farfurie si se pune deoparte.
k) Umpleți până la jumătate o cratiță mare, cu fundul greu, cu ulei vegetal și încălziți la foc mediu-mic până când un termometru de gătit arată 170°C sau o bucată de pâine devine maro aurie în 45 de secunde.
l) În reprize, coborâți biluțele de risotto în ulei și prăjiți timp de 8-10 minute, sau până când devin maro auriu și se topesc în centru.
m) Se aseaza pe o tava tapetata cu un prosop curat de bucatarie si se da deoparte.
n) Serviți arancini calde sau cu un sos simplu de roșii în care să le înmuiați.

21. Manchego cu conserva de portocale

Ingrediente

Face aproximativ 4 cani

- 1 cap de usturoi
- 1 1/2 cană ulei de măsline, plus mai mult pentru stropire
- Sare cușer
- 1 Sevilla sau portocala buricului
- 1/4 cană zahăr
- 1 kilogram de brânză Manchego tânără, tăiată în bucăți de 3/4 inci
- 1 lingura rozmarin tocat marunt
- 1 lingura de cimbru tocat marunt
- Baghetă prăjită

Directii:

a) Preîncălziți cuptorul la 350 de grade Fahrenheit. un sfert de inch „Scoateți vârful bulbului de usturoi și puneți-l pe o bucată de folie. Asezonați cu sare și stropiți cu ulei.

b) Înfășurați bine în folie și coaceți timp de 35-40 de minute sau până când pielea devine maro aurie și cuișoarele sunt moi. Se lasa sa se raceasca. Stoarceți cuișoarele într-un lighean mare de amestecare.

c) În același timp, tăiați 1/4" Îndepărtați partea de sus și de jos a portocalei și sferturi pe lungime. Îndepărtați pulpa de pe fiecare sfert de coajă într-o singură bucată, excluzând sâmbura albă (cu excepția cojilor).

d) Pune deoparte sucul stors din carne într-un lighean mic.

e) Tăiați coaja în bucăți de un sfert de inch și puneți-le într-o cratiță mică cu suficientă apă rece pentru a acoperi cu un inch. Se aduce la fierbere, apoi se scurge; mai faceți asta de două ori pentru a scăpa de amărăciune.

f) Într-o cratiță, combinați cojile de portocale, zahărul, sucul de portocale rezervat și 1/2 cană de apă.

g) Se aduce la fierbere; reduceți căldura la mic și fierbeți, amestecând în mod regulat, timp de 20-30 de minute sau până când cojile sunt fragede și lichidul este siropos. Lăsați conservele de portocale să se răcească.

h) Amestecați conservele de portocale, Manchego, rozmarinul, cimbru și restul de 1 1/2 cană de ulei în bolul cu usturoiul. Se da la frigider pentru cel putin 12 ore dupa acoperire.

i) Înainte de a servi cu pâine prăjită, aduceți Manchego marinat la temperatura camerei.

22. Nachos italian

Porții: 1

Ingrediente

Sos Alfredo

- 1 cupă jumătate și jumătate
- 1 cană smântână grea
- 2 linguri de unt nesarat
- 2 catei de usturoi tocati
- 1/2 cană parmezan
- Sare si piper
- 2 linguri de faina

Nachos

- Ambalaje Wonton tăiate în triunghiuri
- 1 pui gătit și tocat
- Ardei sotati
- Branza mozzarella
- Măsline
- Pătrunjel tocat
- Branza parmezan
- Ulei pentru prăjit alune sau canola

Directii:

a) Adaugati untul nesarat intr-o cratita cu sos si topiti la foc mediu.

b) Se amestecă usturoiul până când tot untul s-a topit.

c) Adăugați rapid făina și amestecați constant până când se adună și devine aurie.

d) Într-un castron, combinați smântâna groasă și jumătate și jumătate.

e) Se aduce la fierbere, apoi se reduce la foc mic și se fierbe timp de 8-10 minute, sau până se îngroașă.

f) Asezonați cu sare și piper.
g) Wontons: Se încălzește uleiul într-o tigaie mare la foc mediu mare, aproximativ 1/3 din sus.
h) Adăugați wonton-urile pe rând și încălziți până când abia devin aurii pe fund, apoi răsturnați și gătiți cealaltă parte.
i) Pune un prosop de hârtie peste scurgere.
j) Preîncălziți cuptorul la 350 ° F și tapetați o foaie de copt cu hârtie de copt, urmată de wonton.
k) Adăugați deasupra sos Alfredo, pui, ardei și brânză mozzarella.
l) Puneți sub broiler în cuptor timp de 5-8 minute sau până când brânza se topește bine.
m) Scoateți din cuptor și acoperiți cu măsline, parmezan și pătrunjel.

23. Pintxo de pui

Porții 8

Ingrediente

- 1,8 kilograme de pulpe de pui fără piele și dezosate tăiate în bucăți de 1 inch
- 1 lingură boia de ardei afumată spaniolă
- 1 lingurita oregano uscat
- 2 lingurite chimen macinat
- 3/4 lingurita sare de mare
- 3 catei de usturoi tocati
- 3 linguri patrunjel tocat
- 1/4 cană ulei de măsline extravirgin
- Sos rosu Chimichurri

Directii:

a) Într-un lighean mare, combinați toate ingredientele și amestecați bine pentru a acoperi bucățile de pui. Se lasă la marinat peste noapte la frigider.

b) Înmuiați frigăruile de bambus timp de 30 de minute în apă. Folosind frigarui, frigarui bucatele de pui.

c) Prăjiți timp de 8-10 minute sau până când este bine făcut.

24. Învelișuri cu carne de vită italiană

PORȚII 4

Ingrediente
- 1 lingurita ulei de masline
- 1/2 cană ardei gras verde, tăiat fâșii
- 1/2 cană ceapă, tăiată fâșii
- 1/2 pepperoncini, felii subțiri
- 1/2 linguriță de condimente italiene
- 8 felii de carne de vită italiană Deli, grosime de 1/8".
- Bețișoare de brânză cu 8 șiruri

Directii
a) Într-o tigaie medie, încălziți uleiul la foc mediu. Combinați uleiul de măsline și următoarele patru ingrediente într-un castron. Gatiti timp de 3-4 minute, sau pana cand devine crocant.
b) Se pune amestecul pe un platou și se lasă deoparte 15 minute să se răcească.
c) Cum să-l puneți împreună: pe o placă de tăiat, așezați patru felii de carne de vită italiană. Asezati 1 baton de branza in mijlocul fiecarei bucati de carne, in cruce.
d) Adăugați o parte din amestecul de ardei și ceapă deasupra. Îndoiți o parte a feliei de vită peste amestecul de brânză și legume, apoi înfășurați, cu cusătura în jos.
e) Asamblați rulourile pe un platou de servire.

25. Rulouri cu pepperoni italian

Porții 35

Ingrediente

- 5 tortilla de 10" cu făină (rosii uscate la soare cu spanac sau făină albă)
- 16 uncii cremă de brânză înmuiată
- 2 lingurite de usturoi tocat
- 1/2 cană smântână
- 1/2 cană parmezan
- 1/2 cană brânză italiană mărunțită sau mozzarella
- 2 lingurite condimente italiene
- 16 uncii felii de pepperoni
- 3/4 cana ardei galbeni si portocalii tocati marunt
- 1/2 cană ciuperci proaspete tocate mărunt

Directii:

a) Într-un lighean de amestecare, bate crema de brânză până la omogenizare. Combinați usturoiul, smântâna, brânzeturile și condimentele italiene într-un bol de amestecare. Se amestecă până când totul este bine omogenizat.

b) Întindeți amestecul uniform printre cele 5 tortilla cu făină. Acoperiți întreaga tortilla cu amestecul de brânză.

c) Puneți un strat de pepperoni deasupra amestecului de brânză.

d) Se suprapune pepperoni cu ardeii și ciupercile tăiate grosier.

e) Rulați strâns fiecare tortilla și înfășurați-o în folie de plastic.

f) Se lasa deoparte cel putin 2 ore la frigider.

26. Orez italian spaniol

Porții: 6

Ingrediente:

- 1- 28 de uncii de roșii italiene tăiate cubulețe sau zdrobite
- 3 căni de orice fel de orez alb cu bob lung, fiert la pachet
- 3 linguri de canola sau ulei vegetal
- 1 ardei gras feliat si curatat
- 2 catei de usturoi proaspat tocati
- 1/2 cană vin roșu sau legume sau bulion
- 2 linguri patrunjel proaspat tocat
- 1/2 lingurita oregano uscat si busuioc uscat
- sare, piper, cayenne dupa gust
- Garnitură: parmezan ras și amestec de brânză Romano
- De asemenea, puteți adăuga orice resturi gătite care sunt dezosate: friptură cubulețe, cotlete de porc cubulețe, pui cuburi sau încercați să folosiți chiftelute zdrobite sau cârnați gătiți italian feliați.
- Legume optionale: dovlecei taiati cubulete, ciuperci feliate, morcovi ras, mazare sau orice alte feluri de legume preferate.

Directii:

a) Adăugați ulei de măsline, ardei și usturoi într-o tigaie mare și gătiți timp de 1 minut.

b) Adăugați roșiile tăiate cubulețe sau zdrobite, vinul și restul de ingrediente în tigaie.

c) Fierbeți timp de 35 de minute sau mai mult dacă adăugați mai multe legume.

d) Dacă folosiți, adăugați orice carne preparată și încălziți-o în sos timp de aproximativ 5 minute înainte de a adăuga orezul alb fiert.

e) De asemenea, dacă este folosită, carnea este deja gătită și trebuie doar încălzită în sos.

f) Pentru a servi, puneți sosul pe un platou cu orezul amestecat și acoperiți cu brânză măruntită și pătrunjel proaspăt.

27. Italian Twist Paella

Porții: 4

Ingrediente

- 2 pulpe de pui, pe piele, rumenite
- 2 pulpe de pui, pe piele, rumenite
- 3 bucăți mari de cârnați italieni, rumeniți apoi tăiați în bucăți de 1 inch
- 1 ardei roșu și galben, tăiat fâșii și prăjit în prealabil
- 1 buchet de baby broccolini, prefiert
- 1½ cani de orez, un bob scurt precum carnaroli sau arborio
- 4 căni de supă de pui, încălzită
- 1 cană piure de ardei roșu prăjit
- ¼ cană de vin alb sec
- 1 ceapa medie, taiata cubulete mari
- 4 catei mari de usturoi, rasi
- parmezan ras sau branza romano
- ulei de masline

Directii:

a) Începeți prin a vă rumeni bucățile de pui într-o tigaie pentru paella, obțineți o crustă bună pe ambele părți și aproape gătiți, dar nu complet, apoi lăsați deoparte.

b) Ștergeți orice exces de ulei din tigaie, apoi ștergeți orice exces de ulei de pe legăturile de cârnați.

c) Într-o tigaie mare, stropește ulei de măsline, apoi adaugă usturoiul și ceapa ras și se călesc până când sunt moale și aurii.

d) Adăugați vinul și lăsați să fiarbă un minut.

e) Combinați tot orezul cu jumătate din piureul de ardei roșu sau puțin mai mult. Aruncați până se acoperă uniform, apoi apăsați amestecul de orez în fundul tigaii.

f) Adăugați puțină brânză rasă, sare și piper la orez.

g) Aranjați bucățile de cârnați, împreună cu bucățile de pui, în jurul tigaii.
h) Aranjați legumele rămase în jurul cărnii într-un mod creativ.
i) Pune toate cele 4 căni de bulion cald deasupra cu grijă.
j) Folosind o pensulă de patiserie, ungeți piureul de ardei roșu suplimentar deasupra puiului pentru mai multă aromă, punctând puțin mai mult peste tot, dacă doriți.
k) Gătiți la foc mic, acoperit lejer cu folie, până când umezeala se evaporă.
l) Preîncălziți cuptorul la 375 ° F și coaceți tava acoperită timp de 15-20 de minute pentru a vă asigura că carnea este gătită.
m) Continuați să gătiți deasupra aragazului până când orezul este fraged.
n) Întregul timp ar trebui să fie în jur de 45 de minute.
o) Se lasa deoparte cateva minute sa se raceasca.
p) Se ornează cu busuioc proaspăt și pătrunjel, tocate.

28. Salată spaniolă de cartofi

Porții: 4

Ingrediente:
- 3 cartofi medii (16 oz).
- 1 morcov mare (3 oz.), tăiat cubulețe
- 5 linguri de mazăre verde decojită
- 2/3 cană (4 oz) fasole verde
- 1/2 ceapa medie, tocata
- 1 ardei gras rosu mic, tocat
- 4 corniși de cocktail, feliați
- 2 linguri de capere pentru copii
- 12 măsline umplute cu hamsii
- 1 ou fiert tare, felii subțiri 2/3 cană (5 fl. oz) maioneză
- 1 lingura suc de lamaie
- 1 lingurita mustar de Dijon
- Piper negru proaspăt măcinat, după gust Pătrunjel proaspăt tocat, pentru ornat

Directii:

a) Fierbeți cartofii și morcovii în apă ușor cu sare într-o cratiță. Se aduce la fierbere, apoi se reduce la foc mic și se fierbe până când se înmoaie aproape.

b) Adăugați mazărea și fasolea și fierbeți, amestecând din când în când, până când toate legumele sunt moi. Scurgeți legumele și puneți-le pe o farfurie pentru a servi.

c) Într-un castron mare, combinați ceapa, ardeiul, cornii, capere pentru copii, măsline umplute cu hamsii și bucăți de ouă.

d) Combinați complet maioneza, sucul de lămâie și muștarul într-un castron separat. Turnați acest amestec pe platoul de servire și amestecați bine pentru a acoperi toate ingredientele. Se amestecă cu un praf de sare și piper.

e) Se da la frigider dupa ce se orneaza cu patrunjel tocat.

f) Pentru a spori aroma salatei, lăsați-o să stea la temperatura camerei timp de aproximativ 1 oră înainte de servire.

29. Carbonara spaniolă

Porții: 2-3

Ingrediente

- 1 chorizo mic taiat cubulete
- 1 catel de usturoi tocat fin
- 1 roșie mică tăiată cubulețe
- 1 conserve garbanzos
- condimente uscate: sare, fulgi de Chile, oregano, semințe de fenicul, anason stelat
- pimenton (boia) pentru ouă
- ulei de măsline extra virgin
- 2 oua
- 4-6 oz. Paste
- brânză italiană de bună calitate

Directii:

a) Într-o cantitate mică de ulei de măsline, căliți usturoiul, roșiile și chorizo timp de câteva minute, apoi adăugați fasolea și condimentele lichide și uscate. Se aduce la fierbere, apoi se reduce focul la mic până când lichidul scade la jumătate.

b) Între timp, aduceți apa pentru paste la fiert și pregătiți ouăle pentru alunecare în tava cu garbanzos și la cuptorul preîncălzit. Pentru a adăuga acel gust spaniol, le stropesc cu amestecul de condimente și pimenton pregătit.

c) Acum este momentul ideal pentru a adăuga pastele în oală în timp ce tava este la cuptor și apa fierbe. Ambele ar trebui să fie gata în același moment.

30. Chiftelușe în sos de roșii

Porții: 4

Ingrediente:
- 2 linguri de ulei de măsline
- 8 oz. Carne de vită
- 1 cană (2 oz.) pesmet alb proaspăt
- 2 linguri de brânză Manchego sau parmezan rasă
- 1 lingura pasta de rosii
- 3 catei de usturoi, tocati fin
- 2 ceai, tocate fin
- 2 lingurite de cimbru proaspat tocat
- 1/2 lingurita turmeric
- Sare si piper, dupa gust
- 2 căni (16 oz.) conserve de roşii prune, tocate
- 2 linguri vin rosu
- 2 lingurițe frunze de busuioc proaspăt tocate
- 2 lingurite rozmarin proaspat tocat

Directii:
a) Combinați carnea de vită, pesmetul, brânza, pasta de roşii, usturoiul, ceaiul verde, ou, cimbru, turmeric, sare şi piper într-un castron.
b) Formați amestecul în 12 până la 15 bile ferme cu mâinile.
c) Într-o tigaie, încălziți uleiul de măsline la foc mediu-mare. Gatiti cateva minute sau pana cand chiftelele se rumenesc pe toate partile.
d) Într-un castron mare, combinați roşiile, vinul, busuiocul şi rozmarinul. Gatiti, amestecand ocazional, aproximativ 20 de minute, sau pana cand chiftelele sunt gata.
e) Se sare şi se piperează cu generozitate, apoi se serveşte cu rapini albite, spaghete sau pâine.

31. Supă de fasole albă

Porții: 4

Ingrediente:
- 1 ceapa tocata
- 2 linguri ulei de masline
- 2 tulpini de telina tocate
- 3 catei de usturoi tocati
- 4 cani de fasole cannellini la conserva
- 4 cesti supa de pui
- Sare si piper dupa gust
- 1 lingurita rozmarin proaspat
- 1 cană buchețele de broccoli
- 1 lingurita ulei de trufe
- 3 linguri de parmezan ras

Directii:
a) Într-o tigaie mare se încălzește uleiul.
b) Fierbeți țelina și ceapa aproximativ 5 minute într-o tigaie.
c) Adăugați usturoiul și amestecați pentru a se combina. Gatiti inca 30 de secunde.
d) Adăugați fasolea, 2 căni de supă de pui, rozmarin, sare și piper, precum și broccoli.
e) Aduceți lichidul la fierbere și apoi reduceți la foc mic timp de 20 de minute.
f) Amestecă supa cu blenderul de mână până când ajunge la netezimea dorită.
g) Reduceți focul la mic și stropiți cu ulei de trufe.
h) Puneți supa în vase și stropiți cu parmezan înainte de servire.

32. Cioda de peste

Porții: 8

Ingrediente:
- 32 oz. poate roșii tăiate cubulețe
- 2 linguri ulei de masline
- ¼ cană țelină tocată
- ½ cană bulion de pește
- ½ cană de vin alb
- 1 cană suc V8 picant
- 1 ardei gras verde tocat
- 1 ceapa tocata
- 4 catei de usturoi tocati
- Sarați piperul după gust
- 1 lingurita condimente italiene
- 2 morcovi curatati si taiati felii
- 2 ½ lb. tilapia tăiată
- ½ lb. creveți curățați și devenați

Directii:
a) În oala mare, încălziți mai întâi uleiul de măsline.
b) Fierbeți ardeiul gras, ceapa și țelina timp de 5 minute într-o tigaie fierbinte.
c) După aceea, adăugați usturoiul. Gatiti 1 minut dupa aceea.
d) Într-un castron mare, combinați toate ingredientele rămase, cu excepția fructelor de mare.
e) Gatiti tocanita timp de 40 de minute la foc mic.
f) Adăugați tilapia și creveții și amestecați pentru a se combina.
g) Se fierbe încă 5 minute.
h) Gustați și ajustați condimentele înainte de servire.

33. Cremă spaniolă de portocale-lămâie

Porții: 1 porție

Ingredient
- 4½ linguriță gelatină simplă
- ½ cană suc de portocale
- ¼ cană suc de lămâie
- 2 cani de lapte
- 3 ouă, separate
- ⅔ cană zahăr
- Vârf de cuțit de sare
- 1 lingura coaja rasa de portocala

Directii:
a) Se amestecă gelatina, sucul de portocale și sucul de lămâie și se lasă deoparte timp de 5 minute.
b) Se opărește laptele și se amestecă gălbenușurile, zahărul, sarea și coaja de portocală.
c) Gătiți într-un cazan dublu până când se acoperă cu dosul unei linguri (peste apă fierbinte, nu clocotită).
d) După aceea, adăugați amestecul de gelatină. Misto.
e) Adăugați în amestec albușurile bătute tare.
f) Dă la frigider până se stabilește.

34. pepene beat

Porții: 4 până la 6 porții

Ingredient

- Pentru preparat O selecție de 3 până la 6 brânzeturi spaniole diferite
- 1 sticla de vin de porto
- 1 Pepene galben, blatul îndepărtat și fără sâmburi

Directii:

a) Cu una până la trei zile înainte de cină, turnați portul în pepene galben.
b) Se da la frigider, acoperit cu folie de plastic si cu blatul inlocuit.
c) Scoateți pepenele galben din frigider și scoateți folia și blatul când sunt gata de servire.
d) Scoateți portul din pepene și puneți-l într-un castron.
e) Tăiați pepenele galben în bucăți după ce ați îndepărtat coaja. Puneți bucățile în patru feluri de mâncare răcite separate.
f) Serviți pe o garnitură cu brânzeturi.

35. Sorbet de migdale

Porții: 1 porție

Ingredient
- 1 cană migdale albite; prăjită
- 2 căni de apă de izvor
- ¾ cană de zahăr
- 1 praf de scortisoara
- 6 linguri sirop de porumb usor
- 2 linguri Amaretto
- 1 lingurita coaja de lamaie

Directii:

a) Într-un robot de bucătărie, măcinați migdalele până la o pudră. Într-o cratiță mare, combinați apa, zahărul, siropul de porumb, lichiorul, coaja și scorțișoara, apoi adăugați nucile măcinate.

b) La foc mediu, amestecați constant până când zahărul se dizolvă și amestecul fierbe. 2 minute la fierbere

c) Lăsați deoparte să se răcească Folosind un aparat de înghețată, amestecați până când este semi-înghețat.

d) Dacă nu aveți un aparat de înghețată, transferați amestecul într-un bol de oțel inoxidabil și congelați până se întărește, amestecând la fiecare 2 ore.

36. tort spaniol cu mere

Porții: 8 porții

Ingredient
- ¼ de kilograme de unt
- ½ cană de zahăr
- 1 galbenus de ou
- 1½ cană făină cernută
- 1 lingura de sare
- ⅛ linguriță Praf de copt
- 1 cană de lapte
- ½ coajă de lămâie
- 3 gălbenușuri de ou
- ¼ cană de zahăr
- ¼ cană făină
- 1½ lingură Unt
- ¼ cană de zahăr
- 1 lingura suc de lamaie
- ½ linguriță scorțișoară
- 4 mere, decojite și tăiate felii
- Măr; caise sau orice jeleu la alegere

Directii:

a) Preîncălziți cuptorul la 350°F. Combinați zahărul și untul într-un castron. Se amestecă ingredientele rămase până se formează o bilă.

b) Întindeți aluatul într-o tavă cu arc sau într-o formă de plăcintă. A se păstra la frigider până când este gata de utilizare.

c) Combinați sucul de lămâie, scorțișoara și zahărul într-un castron. Se amestecă cu merele și se amestecă. Acesta este ceva ce se poate face din timp.

d) Adăugați coaja de lămâie în lapte. Aduceți laptele la fiert, apoi reduceți la foc mic timp de 10 minute. Între timp, într-o tigaie groasă, amestecați gălbenușurile de ou și zahărul.

e) Când laptele este gata, turnați-l încet în amestecul de gălbenușuri în timp ce amestecați constant la foc mic. Se amestecă încet făina în timp ce se amestecă la foc mic.

f) Continuați să amestecați amestecul până când este omogen și gros. Scoateți tigaia de pe foc. Se amestecă încet untul până se topește.

g) Umpleți crusta cu crema. Pentru a face un singur strat sau dublu, puneți merele deasupra. Puneți tortul într-un cuptor la 350°F timp de aproximativ 1 oră după ce este terminat.

h) Scoateți și lăsați deoparte să se răcească. Când merele sunt suficient de reci pentru a fi manipulate, încălziți jeleul la alegere și stropiți-l deasupra.

i) Pune jeleul deoparte să se răcească. Servi.

37. Crema de caramel

Porții: 1 porție

Ingredient
- ½ cană zahăr granulat
- 1 lingurita Apa
- 4 gălbenușuri de ou sau 3 ouă întregi
- 2 căni de lapte, opărit
- ½ linguriță extract de vanilie

Directii:
a) Într-o tigaie mare, combinați 6 linguri de zahăr și 1 cană de apă. Se încălzește la foc mic, scuturând sau răsturnând din când în când cu o lingură de lemn pentru a evita arderea, până când zahărul devine auriu.
b) Turnați siropul de caramel într-un vas de copt puțin adânc (8x8 inci) sau într-o farfurie de plăcintă cât mai curând posibil. Se lasa sa se raceasca pana se intareste.
c) Preîncălziți cuptorul la 325 de grade Fahrenheit.
d) Fie bate galbenusurile, fie ouale intregi impreuna. Se amestecă laptele, extractul de vanilie și zahărul rămas până când se combină complet.
e) Se toarnă deasupra caramelul răcit.
f) Puneți vasul de copt într-o baie de apă fierbinte. Coaceți timp de 1-112 ore, sau până când centrul este setat. Cool, cool, cool.
g) Pentru a servi, răsturnați cu grijă pe un platou de servire.

38. Cheesecake spaniol

Porții: 10 porții

Ingredient
- 1 kg crema de branza
- 1½ cană de zahăr; Granulat
- 2 oua
- ½ linguriță scorțișoară; Sol
- 1 linguriță coajă de lămâie; Ras
- ¼ cană făină nealbită
- ½ lingurita Sare
- 1 x zahăr de cofetarie
- 3 linguri de unt

Directii:

a) Preîncălziți cuptorul la 400 de grade Fahrenheit. Cremam branza, 1 lingura de unt si zaharul intr-un lighean mare. Nu bateți.

b) Adaugati ouale pe rand, batand bine dupa fiecare adaugare.

c) Combinați scorțișoara, coaja de lămâie, făina și sarea. Ungeți tigaia cu restul de 2 linguri de unt, întindeți-o uniform cu degetele.

d) Turnați aluatul în tava pregătită și coaceți la 400 de grade timp de 12 minute, apoi scadeți la 350 de grade și coaceți încă 25 până la 30 de minute. Cuțitul trebuie să fie fără reziduuri.

e) Cand prajitura s-a racit la temperatura camerei, pudra-l cu zahar de cofetarie.

39. Cremă spaniolă prăjită

Porții: 8 porții

Ingredient
- 1 baton de scortisoara
- Coaja de 1 lămâie
- 3 căni de lapte
- 1 cană de zahăr
- 2 linguri amidon de porumb
- 2 lingurițe de scorțișoară
- Făină; pentru dragare
- Spălarea ouălor
- Ulei de masline; pentru prăjit

Directii:

a) Combinați batonul de scorțișoară, coaja de lămâie, 34 de căni de zahăr și 212 de căni de lapte într-o oală la foc mediu.

b) Se aduce la fierbere scăzut, apoi se reduce la foc mic și se fierbe timp de 30 de minute. Scoateți coaja de lămâie și batonul de scorțișoară. Combinați laptele rămas și amidonul de porumb într-un lighean mic de amestecare.

c) Bateți bine. Într-un flux lent și constant, amestecați amestecul de amidon de porumb în laptele încălzit. Se aduce la fierbere, apoi se reduce la foc mic și se fierbe timp de 8 minute, amestecând des. Se ia de pe foc și se toarnă într-o tavă de copt de 8 inci care a fost unsă cu unt.

d) Se lasa sa se raceasca complet. Acoperiți și răciți până se răcesc complet. Faceți triunghiuri de 2 inci din cremă.

e) Combinați cele 14 cani de zahăr rămase și scorțișoara într-un castron. Amestecați bine. Trageți triunghiurile în făină până când sunt acoperite complet.

f) Înmuiați fiecare triunghi în spălarea cu ouă și picurați orice exces. Întoarceți cremele în făină și acoperiți complet.
g) Încinge uleiul într-o tigaie mare la foc mediu. Se pun triunghiurile in uleiul incins si se prajesc 3 minute, sau pana se rumenesc pe ambele parti.
h) Scoateți puiul din tigaie și scurgeți-l pe prosoape de hârtie. Se amestecă cu amestecul de zahăr de scorțișoară și se condimentează cu sare și piper.
i) Continuați cu restul triunghiurilor în același mod.

40. Plăcintă italiană cu anghinare

Porții: 8 porții

Ingredient

- 3 ouă; Bătut
- Pachet de 1 3 oz cremă de brânză cu arpagic; Înmuiat
- ¾ linguriță de pudră de usturoi
- ¼ lingurita Piper
- 1½ cană brânză Mozzarella, lapte parțial degresat; Mărunțit
- 1 cană de brânză ricotta
- ½ cană maioneză
- 1 cutie de 14 oz inimi de anghinare; Drenat
- ½ cutie de 15 oz fasole garbanzo, conservată; Clătit și drenat
- 1 2 1/4 oz cutie măsline feliate; Drenat
- 1 2 Oz Borcan Pimientos; Cubulețe și scurs
- 2 linguri patrunjel; Tăiat
- 1 crustă de plăcintă (9 inch); Necopt
- 2 roșii mici; Taiat

Directii:

a) Combinați ouăle, crema de brânză, pudra de usturoi și piperul într-un lighean mare. Combinați 1 cană de brânză mozzarella, brânză ricotta și maioneza într-un castron.

b) Se amestecă până se omogenizează totul bine.

c) Tăiați 2 inimioare de anghinare în jumătate și lăsați deoparte. Tăiați restul inimii.

d) Se amestecă amestecul de brânză cu inimile tocate, fasolea garbanzo, măslinele, pimenturile și pătrunjelul. Umpleți coaja de patiserie cu amestecul.

e) Se coace 30 de minute la 350 de grade. Deasupra trebuie presărate restul de brânză mozzarella și parmezan.

f) Coaceți încă 15 minute sau până când se fixează.

g) Se lasa sa se odihneasca 10 minute.

h) Deasupra, aranjați felii de roșii și inimioare de anghinare tăiate în sferturi.

i) Servi

41. Piersici coapte italiene

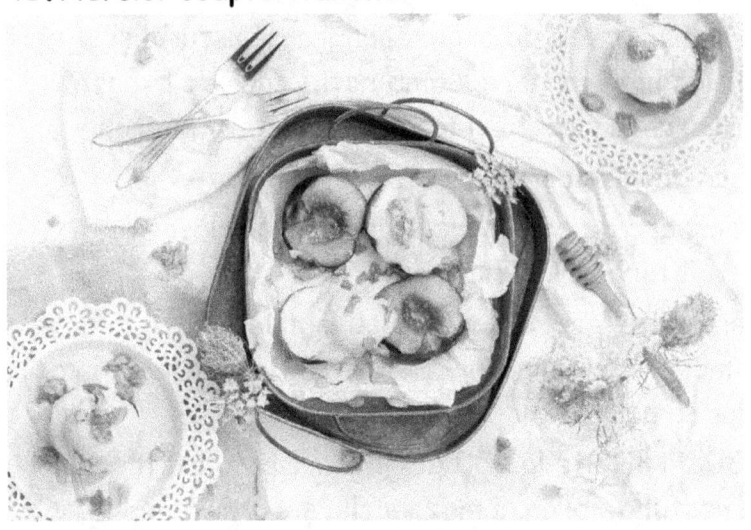

Porții: 1 porție

Ingredient
- 6 piersici coapte
- ⅓ cană de zahăr
- 1 cană migdale măcinate
- 1 galbenus de ou
- ½ linguriță extract de migdale
- 4 linguri de unt
- ¼ cană migdale tăiate felii
- Smântână groasă, opțional

Directii:

a) Preîncălziți cuptorul la 350 de grade Fahrenheit. Piersicile trebuie clătite, tăiate la jumătate și fără sâmburi. Intr-un robot de bucatarie, pasa 2 jumatati de piersici.

b) Într-un vas de amestecat, combinați piureul, zahărul, migdalele măcinate, gălbenușul de ou și extractul de migdale. Pentru a face o pastă netedă, combinați toate ingredientele într-un bol de amestecare.

c) Turnați umplutura peste fiecare jumătate de piersică și puneți jumătățile de piersici umplute într-o tavă de copt unsă cu unt.

d) Presărați migdale feliate și ungeți untul rămas peste piersici înainte de a coace timp de 45 de minute.

e) Se serveste cald sau rece, cu o parte de crema sau inghetata.

42. Tort italian picant cu prune-prune

Porții: 12 porții

Ingredient
- 2 căni de italiană fără sâmburi și sferturi
- Prune-prune, fierte până la
- Moale și răcită
- 1 cană unt nesărat, înmuiat
- 1¾ cană zahăr granulat
- 4 ouă
- 3 cani de faina cernuta
- ¼ cană unt nesărat
- ½ kilograme de zahăr pudră
- 1½ lingură Cacao neîndulcită
- Ciupiți de sare
- 1 lingurita scortisoara
- ½ linguriță cuișoare măcinate
- ½ linguriță nucșoară măcinată
- 2 lingurite de bicarbonat de sodiu
- ½ cană de lapte
- 1 cană nuci, tocate mărunt
- 2 până la 3 linguri tari, fierbinți
- Cafea
- ¾ lingurita de vanilie

Directii:
a) Preîncălziți cuptorul la 350°F. Unge și făină o tavă Bundt de 10 inci.
b) Într-un lighean mare, cremă untul și zahărul până devine ușor și pufos.
c) Bateți ouăle unul câte unul.

d) Combinați făina, condimentele și bicarbonatul de sodiu într-o sită. În treimi, adăugați amestecul de făină în amestecul de unt, alternând cu laptele. Bate doar pentru a combina ingredientele.

e) Adăugați prunele-prune fierte și nucile și amestecați pentru a se combina. Turnați în tava pregătită și coaceți timp de 1 oră într-un cuptor la 350 ° F sau până când prăjitura începe să se micșoreze de pe părțile laterale ale tavii.

f) Pentru a face glazura, cremă împreună untul și zahărul de cofetă. Adăugați treptat zahărul și pudra de cacao, amestecând constant până se omogenizează complet. Asezonați cu sare.

g) Se amestecă o cantitate mică de cafea la un moment dat.

h) Bateți până devine ușor și pufos, apoi adăugați vanilie și decorați tortul.

43. Paste și Fagioli

Porții: 10

Ingrediente:
- 1 ½ lb. carne de vită măcinată
- 2 cepe tocate
- ½ linguriță fulgi de ardei roșu
- 3 linguri ulei de masline
- 4 tulpini de telina tocate
- 2 catei de usturoi tocati
- 5 căni supă de pui
- 1 cană sos de roșii
- 3 linguri pasta de rosii
- 2 lingurite de oregano
- 1 lingurita busuioc
- Sare si piper dupa gust
- 1 15 oz. cutie de fasole cannellini
- 2 cani de paste mici italiene fierte

Directii:

a) Intr-o oala mare se rumeneste carnea 5 minute, sau pana cand nu mai devine roz. Scoateți din ecuație.

b) Într-o tigaie mare, încălziți uleiul de măsline și gătiți ceapa, țelina și usturoiul timp de 5 minute.

c) Adăugați bulionul, sosul de roșii, pasta de roșii, sare, piper, busuioc și fulgi de ardei roșu și amestecați pentru a se combina.

d) Pune capacul pe cratita. Apoi supa trebuie lăsată să se gătească timp de 1 oră.

e) Adăugați carnea de vită și gătiți încă 15 minute.

f) Adăugați fasolea și amestecați pentru a se combina. După aceea, gătiți timp de 5 minute la foc mic.

g) Se amestecă pastele fierte și se gătesc timp de 3 minute sau până se încălzesc.

44. Supa de chiftelute si tortellini

Porții: 6

Ingrediente:
- 2 linguri ulei de masline
- 1 ceapa taiata cubulete
- 3 catei de usturoi tocati
- Sare si piper dupa gust
- 8 cani de supa de pui
- 1 ½ cană de roșii tăiate cubulețe din conserva
- 1 cana varza varza tocata
- 1 cană de mazăre congelată dezghețată
- 1 lingurita busuioc zdrobit
- 1 lingurita oregano
- 1 frunză de dafin
- 1 lb. chiftele dezghetate – orice fel
- 1 lb. tortellini cu brânză proaspătă
- ¼ cană parmezan ras

Directii:
a) Într-o oală mare, încălzește uleiul de măsline și căliți ceapa și usturoiul timp de 5 minute.
b) Într-o cratiță mare, combinați supa de pui, roșiile tocate, kale, mazărea, busuioc, oregano, sare, piper și frunza de dafin.
c) Apoi aduceți lichidul la fierbere. După aceea, gătiți timp de 5 minute la foc mic.
d) Scoateți frunza de dafin și aruncați-o afară.
e) Fierbeți încă 5 minute după ce adăugați chiftelele și tortellini.
f) Nu în ultimul rând, serviți în boluri cu brânză rasă deasupra.

45. Pui Marsala

Porții: 4

Ingrediente:
- ¼ cană făină
- Sare si piper dupa gust
- ½ linguriță de cimbru
- 4 piept de pui dezosati, macinati
- ¼ cană unt
- ¼ cană ulei de măsline
- 2 catei de usturoi tocati
- 1 ½ cană de ciuperci feliate
- 1 ceapa taiata cubulete
- 1 cană de marsala
- ¼ cană jumătate și jumătate sau smântână groasă

Directii:
a) Într-un castron, combinați făina, sarea, piperul și cimbrul.
b) Într-un castron separat, dragați pieptul de pui în amestec.
c) Într-o tigaie mare, topește untul și uleiul.
d) Gatiti usturoiul timp de 3 minute intr-o tigaie.
e) Adăugați puiul și gătiți timp de 4 minute pe fiecare parte.
f) Într-o tigaie, combinați ciupercile, ceapa și marsala.
g) Gatiti puiul timp de 10 minute la foc mic.
h) Transferați puiul pe o farfurie de servire.
i) Amestecați smântâna jumătate sau smântână groasă. Apoi, în timp ce gătiți la maxim 3 minute, amestecați constant.
j) Se unge puiul cu sosul.

46. Pui Cheddar cu usturoi

Porții: 8

Ingrediente:
- ¼ cană unt
- ¼ cană ulei de măsline
- ½ cană parmezan ras
- ½ cană de pesmet Panko
- ½ cană de biscuiți Ritz zdrobiți
- 3 catei de usturoi tocati
- 1 ¼ brânză cheddar ascuțită
- ¼ linguriță de condimente italiene
- Sare si piper dupa gust
- ¼ cană făină
- 8 piept de pui

Directii:

a) Preîncălziți cuptorul la 350 de grade Fahrenheit.
b) Într-o tigaie se topește untul și uleiul de măsline și se fierbe usturoiul timp de 5 minute.
c) Într-un castron mare, combinați pesmetul, biscuitii sparți, ambele brânzeturi, condimentele, sarea și piperul.
d) Înmuiați fiecare bucată de pui în amestecul de unt/ulei de măsline cât mai repede posibil.
e) Făină puiul și trece-l în el.
f) Preîncălziți cuptorul la 350 ° F și ungeți puiul cu amestecul de pesmet.
g) Pune fiecare bucată de pui într-o tavă de copt.
h) Stropiți deasupra amestecul de unt/ulei.
i) Preîncălziți cuptorul la 350°F și coaceți timp de 30 de minute.
j) Pentru mai multă crocantă, puneți sub broiler timp de 2 minute.

47. Fetuccini cu pui Alfredo

Porții: 8

Ingrediente:
- 1 lb. paste fettuccine
- 6 piept de pui dezosati, fara piele, taiati frumos cubulete ¾ cana unt, impartiti
- 5 catei de usturoi tocati
- 1 lingurita de cimbru
- 1 lingurita oregano
- 1 ceapa taiata cubulete
- 1 cană ciuperci feliate
- ½ cană de făină
- Sare si piper dupa gust
- 3 căni de lapte plin
- 1 cană smântână groasă
- ¼ cană brânză gruyere rasă
- ¾ cană parmezan ras

Directii:

a) Preîncălziți cuptorul la 350°F și gătiți pastele conform instrucțiunilor de pe ambalaj, aproximativ 10 minute.

b) Într-o tigaie, se topesc 2 linguri de unt și se adaugă cuburile de pui, usturoiul, cimbru și oregano, gătind la foc mic timp de 5 minute, sau până când puiul nu mai este roz. Elimina.

c) În aceeași tigaie, topești restul de 4 linguri de unt și căliți ceapa și ciupercile.

d) Se amestecă făina, sarea și piperul timp de 3 minute.

e) Adăugați smântâna groasă și laptele. Se amestecă încă 2 minute.

f) Se amestecă brânza timp de 3 minute la foc mic.

g) Pune puiul înapoi în tigaie și asezonează după gust.

h) Gatiti 3 minute la foc mic.

i) Turnați sosul peste paste.

48. Ziti cu Cârnaţi

Porții: 8

Ingrediente:
- 1 lb. cârnați italian mărunțiți
- 1 cană ciuperci feliate
- ½ cană de țelină tăiată cubulețe
- 1 ceapa taiata cubulete
- 3 catei de usturoi tocati
- 42 oz. sos de spaghete din magazin sau de casă
- Sare si piper dupa gust
- ½ linguriță de oregano
- ½ linguriță busuioc
- 1 lb. paste ziti nefierte
- 1 cană de brânză mozzarella măruntită
- ½ cană parmezan ras
- 3 linguri patrunjel tocat

Directii:

a) Într-o tigaie, rumeniți cârnații, ciupercile, ceapa și țelina timp de 5 minute.
b) După aceea, adăugați usturoiul. Gatiti inca 3 minute. Scoateți din ecuație.
c) Adăugați sosul de spaghete, sare, piper, oregano și busuioc într-o tigaie separată.
d) Fierbeți sosul timp de 15 minute.
e) Pregătiți pastele într-o tigaie conform instrucțiunilor de pe ambalaj în timp ce sosul se gătește. Scurgere.
f) Preîncălziți cuptorul la 350 de grade Fahrenheit.
g) Într-o tavă de copt, puneți ziti, amestecul de cârnați și mozzarella mărunțită în două straturi.
h) Deasupra presara patrunjel si parmezan.
i) Preîncălziți cuptorul la 350°F și coaceți timp de 25 de minute.

49. Cârnați și Ardei

Porții: 4

Ingrediente:
- 1 pachet spaghete
- 1 lingurita ulei de masline
- 4 zale de cârnați italieni dulci tăiate în bucăți mici
- 2 ardei gras roșii tăiați fâșii.
- 2 ardei gras verzi taiati fasii
- 2 ardei gras portocali taiati fasii
- 3 catei de usturoi tocati
- 1 lingurita condimente italiene
- Sare si piper dupa gust
- 3 linguri ulei de măsline virgin
- 12 oz. roșii tăiate cubulețe la conserva
- 3 linguri vin rosu
- 1/3 cana patrunjel tocat
- ¼ cană brânză Asiago rasă

Directii:

a) Gatiti spaghetele conform Instructiunilor de pe ambalaj, care ar trebui sa dureze aproximativ 5 minute. Scurgere
b) Intr-o tigaie se incinge uleiul de masline si se rumenesc carnatii timp de 5 minute.
c) Puneți cârnații pe un platou de servire.
d) Adăugați ardeii, usturoiul, condimentele italiene, sare și piper în aceeași tigaie.
e) Stropiți 3 linguri de ulei de măsline peste ardei.
f) Adăugați roșiile tăiate cubulețe și vinul și amestecați pentru a se combina.
g) Se caleste timp de 10 minute in total.
h) Ajustați condimentul aruncând spaghetele cu ardeii.
i) Deasupra adauga patrunjel si branza Asiago.

50. Lasagna ascuțită

Porții: 4

Ingrediente:
- 1 ½ lb. cârnați italieni picant măruntiți
- 5 căni de sos de spaghete din magazin
- 1 cană sos de roșii
- 1 lingurita condimente italiene
- ½ cană de vin roșu
- 1 lingura zahar
- 1 lingura ulei
- 5 mănuși de usturoi tocat
- 1 ceapa taiata cubulete
- 1 cană de brânză mozzarella mărunțită
- 1 cană de brânză provolone mărunțită
- 2 căni de brânză ricotta
- 1 cană brânză de vaci
- 2 ouă mari
- ¼ cană lapte
- 9 tăiței tăiței lasagna – prefierți
- ¼ cană parmezan ras

Directii:
a) Preîncălziți cuptorul la 375 de grade Fahrenheit.
b) Într-o tigaie, rumeniți cârnații măruntiți timp de 5 minute. Orice grăsime trebuie aruncată.
c) Într-o oală mare, combinați sosul de paste, sosul de roșii, condimentele italiene, vinul roșu și zahărul și amestecați bine.

d) Într-o tigaie se încălzește uleiul de măsline. Apoi, timp de 5 minute, căliți usturoiul și ceapa.
e) Încorporați cârnații, usturoiul și ceapa în sos.
f) După aceea, acoperiți cratita și lăsați-o să fiarbă timp de 45 de minute.
g) Într-un vas de amestec, combinați mozzarella și brânzeturile provolone.
h) Într-un castron separat, combinați ricotta, brânza de vaci, ouăle și laptele.
i) Într-o tavă de copt de 9 x 13, turnați 12 cani de sos în fundul vasului.
j) Acum aranjați tăițeii, sosul, ricotta și mozzarella în tava de copt în trei straturi.
k) Întindeți parmezan deasupra.
l) Coaceți într-un vas acoperit timp de 30 de minute.
m) Coaceți încă 15 minute după ce ați descoperit vasul.

51. Cina Diavolo cu fructe de mare

Porții: 4

Ingrediente:
- 1 lb. creveți mari decojiți și devenați
- ½ lb. scoici prăjite
- 3 linguri ulei de masline
- ½ linguriță fulgi de ardei roșu
- Sarat la gust
- 1 ceapă mică feliată
- ½ linguriță de cimbru
- ½ linguriță de oregano
- 2 fileuri de hamsii zdrobite
- 2 linguri pasta de rosii
- 4 catei de usturoi tocati
- 1 cană de vin alb
- 1 lingurita suc de lamaie
- 2 ½ căni de roșii tăiate cubulețe
- 5 linguri patrunjel

Directii:
a) Într-un vas de amestec, combinați creveții, scoicile, uleiul de măsline, fulgii de ardei roșu și sarea.
b) Preîncălziți tigaia la 350°F. Timp de 3 minute, prăjiți fructele de mare în straturi simple. Acesta este ceva ce se poate face în grămadă.
c) Puneți creveții și scoici pe o farfurie de servire.
d) Reincalzeste tigaia.
e) Timp de 2 minute, căliți ceapa, ierburile, fileurile de hamsii și pasta de roșii.

f) Combinați vinul, sucul de lămâie și roșiile tăiate cubulețe într-un castron.
g) Aduceți lichidul la fierbere.
h) Setați temperatura la un nivel scăzut. Gatiti 15 minute dupa aceea.
i) Puneți fructele de mare în tigaie, împreună cu pătrunjelul.
j) Gatiti 5 minute la foc mic.

52. Linguine și scampi de creveți

Porții: 6

Ingrediente:
- 1 pachet paste linguine
- ¼ cană unt
- 1 ardei gras rosu tocat
- 5 catei de usturoi tocati
- 45 de creveți mari cruzi decojiți și devenați ½ cană de vin alb uscat ¼ cană bulion de pui
- 2 linguri suc de lamaie
- ¼ cană de unt
- 1 lingurita fulgi de ardei rosu macinati
- ½ linguriță de șofran
- ¼ cană pătrunjel tocat
- Sarat la gust

Directii:

a) Gatiti pastele conform Instructiunilor de pe ambalaj, care ar trebui sa dureze in jur de 10 minute.

b) Scurgeți apa și lăsați-o deoparte.

c) Într-o tigaie mare, topește untul.

d) Fierbeți ardeii gras și usturoiul într-o tigaie timp de 5 minute.

e) Adaugati crevetii si continuati sa caliti inca 5 minute.

f) Scoateți creveții într-un platou, dar păstrați usturoiul și ardeiul în tigaie.

g) Aduceți la fiert vinul alb, bulionul și sucul de lămâie.

h) Întoarceți creveții în tigaie cu încă 14 cani de mai bun.

i) Adăugați fulgii de ardei roșu, șofranul și pătrunjelul și asezonați după gust cu sare.

j) Se fierbe timp de 5 minute după ce le-am amestecat cu pastele.

53. Creveți cu sos de cremă pesto

Porții: 6

Ingrediente:
- 1 pachet paste linguine
- 1 lingurita ulei de masline
- 1 ceapa tocata
- 1 cană ciuperci feliate
- 6 catei de usturoi tocati
- ½ cană de unt
- Sare si piper dupa gust
- ½ linguriță de piper cayenne
- 1 3/4 cani de Pecorino Romano ras
- 3 linguri de faina
- ½ cană smântână groasă
- 1 cană pesto
- 1 lb. creveți fierți, curățați și devenați

Directii:
a) Gatiti pastele conform Instructiunilor de pe ambalaj, care ar trebui sa dureze in jur de 10 minute. Scurgere.
b) Într-o tigaie, încălziți uleiul și fierbeți ceapa și ciupercile timp de 5 minute.
c) Gatiti 1 minut dupa ce amestecati usturoiul si untul.
d) Într-o tigaie, turnați smântâna groasă și asezonați cu sare, piper și piper cayenne.
e) Se fierbe încă 5 minute.
f) Adăugați brânza și amestecați pentru a se combina. Continuați să amestecați până când brânza se topește.
g) Apoi, pentru a îngroșa sosul, amestecați făina.
h) Gatiti 5 minute cu pesto si creveti.
i) Ungeți pastele cu sosul.

54. Supă de pește și chorizo

Porții: 4

Ingrediente:
- 2 capete de pește (folosit pentru a găti supa de pește)
- 500 g file de pește, tăiate în bucăți
- 1 ceapă
- 1 catel de usturoi
- 1 cană de vin alb
- 2 linguri ulei de masline
- 1 mână de pătrunjel (tocat)
- 2 cesti bulion de peste
- 1 mână oregano (tocat)
- 1 lingura sare
- 1 lingura piper
- 1 telina
- 2 conserve de rosii (rosii)
- 2 ardei iute roșii
- 2 cârnați chorizo
- 1 lingurita boia
- 2 foi de dafin

Directii:

a) Curățați capul peștelui. Branhiile trebuie îndepărtate. Asezonați cu sare. Gatiti 20 de minute la temperatura scazuta. Scoateți din ecuație.

b) Într-o tigaie se toarnă uleiul de măsline. Combinați ceapa, foile de dafin, usturoiul, chorizo și boia într-un castron mare. 7 minute la cuptor

c) Într-un castron mare, combinați ardeiul iute roșu, roșiile, țelina, piperul, sarea, oregano, supa de pește și vinul alb.

d) Gatiti in total 10 minute.

e) Arunca pestele. 4 minute la cuptor

f) Folosiți orezul ca garnitură.

g) Adauga patrunjel ca garnitura.

55. Affogato

Porții: 1

Ingrediente
- 1 lingura de inghetata de vanilie
- 1 shot Espresso
- Un strop de sos de ciocolată, opțional

Directii:
a) Intr-un pahar pune o lingura de inghetata de vanilie si 1 shot de espresso.
b) Servi!

56. Sos Tahini

Face aproximativ 1¼ cani

Ingredient

- ½ cană tahini
- ½ cană apă
- ¼ cană suc de lămâie (2 lămâi)
- 2 catei de usturoi, tocati

Directii:

a) Bateți toate ingredientele într-un bol până se combină. Se condimenteaza cu sare si piper dupa gust.

b) Lăsați să stea până se îmbină aromele, aproximativ 30 de minute. (Sosul poate fi păstrat la frigider până la 4 zile.)

57. Sos de iaurt cu usturoi

Face aproximativ ½ cană

Ingredient
- ½ cană iaurt grecesc simplu
- 1 lingura suc de lamaie
- 1 lingura menta proaspata tocata
- 1 cățel de usturoi, tocat

Directii:

a) Combinați toate ingredientele într-un bol și asezonați cu sare și piper după gust.

b) Servi. (Sosul poate fi păstrat la frigider până la 4 zile.)

58. Sos de iaurt-avocado

Face aproximativ 1¼ cani

Ingredient

- 1 avocado copt, tăiat în bucăți de ½ inch
- ¼ cană iaurt simplu
- 1 lingurita suc de lamaie
- ½ linguriță de chimen măcinat
- ⅛ linguriță sare de masă
- ⅛ linguriță de piper

Directii:

a) Folosind un tel puternic, pasează și amestecă toate ingredientele într-un castron până când se omogenizează.

b) Se condimenteaza cu sare si piper dupa gust. Servi.

59. Tahini-Sos de iaurt

Face aproximativ 1 cană

Ingredient

- ⅓ cană tahini
- ⅓ cană iaurt grecesc simplu
- ¼ cană apă
- 3 linguri suc de lamaie
- 1 cățel de usturoi, tocat
- ¾ linguriță sare de masă

Directii:

a) Bateți toate ingredientele într-un bol până se combină. Se condimenteaza cu sare si piper dupa gust.

b) Lăsați să stea până se îmbină aromele, aproximativ 30 de minute. (Sosul poate fi păstrat la frigider până la 4 zile.)

60. Anchoïade

Face aproximativ 1¼ cani

Ingredient
- 2 galbenusuri mari
- 8 fileuri de anșoa, clătite, uscate și tocate
- 2 lingurițe de muștar de Dijon
- 2 lingurite suc de lamaie
- 1 cățel de usturoi, tocat
- ¾ cană ulei vegetal
- 1 lingura apa
- ¼ lingurita de piper
- ¼ cană ulei de măsline extravirgin

Directii:

a) Procesați gălbenușurile de ou, anșoa, muștarul, sucul de lămâie și usturoiul în robotul de bucătărie până se combină, aproximativ 20 de secunde.

b) Cu procesorul în funcțiune, stropiți încet ulei vegetal până se combină, aproximativ 1 minut.

c) Transferați într-un castron mediu și amestecați cu apă și piper. Se amestecă încontinuu, se stropește încet ulei de măsline, apoi se condimentează cu sare și piper după gust.

61. Pesto de busuioc

Face aproximativ 1½ cani

Ingredient

- 6 catei de usturoi, nedecojiti
- ½ cană nuci de pin
- 4 cesti frunze proaspete de busuioc
- 4 linguri frunze de patrunjel proaspat
- 1 cană ulei de măsline extravirgin
- 1 uncie brânză parmezan, ras fină (½ cană)

Directii:

a) Prăjiți usturoiul într-o tigaie de 8 inchi la foc mediu, scuturând tigaia din când în când, până se înmoaie și se maronie pete, aproximativ 8 minute. Când usturoiul este suficient de rece pentru a fi manipulat, îndepărtați și aruncați pielea și tocați grosier.

b) Între timp, prăjiți nuci de pin într-o tigaie goală acum la foc mediu, amestecând des, până devin aurii și parfumate, timp de 4 până la 5 minute.

c) Pune busuiocul și pătrunjelul într-o pungă de 1 galon cu fermoar. Puneti punga cu partea neteda a masinii de carne sau cu sucitorul pana cand toate frunzele sunt invinetite.

d) Procesați usturoiul, nucile de pin și ierburile în robotul de bucătărie până se toacă mărunt, aproximativ 1 minut, răzuind părțile laterale ale bolului după cum este necesar. Cu procesorul în funcțiune, adăugați încet ulei până se încorporează. Transferați pesto în bol, amestecați parmezanul și asezonați cu sare și piper după gust.

e) Pentru a preveni rumenirea, apăsați folie de plastic la suprafață sau acoperiți cu un strat subțire de ulei de măsline.

62. Harissa

Face aproximativ ½ cană

Ingredient

- 6 linguri ulei de măsline extravirgin
- 6 catei de usturoi, tocati
- 2 linguri boia de ardei
- 1 lingura coriandru macinat
- 1-3 linguri de piper Alep uscat măcinat
- 1 lingurita chimen macinat
- ¾ linguriță de semințe de chimen
- ½ linguriță sare de masă

Directii:

a) Combinați toate ingredientele într-un castron și cuptorul cu microunde până când clocotește și foarte parfumat, aproximativ 1 minut, amestecând la jumătatea cuptorului cu microunde; se lasa sa se raceasca complet.

b) Harissa poate fi refrigerată până la 4 zile.

63. Rose Harissa

Face aproximativ ½ cană

Ingredient
- 6 linguri ulei de măsline extravirgin
- ¼ cană boia
- 1½ linguriță piper Alep uscat măcinat
- 1 lingura coriandru macinat
- 3 catei de usturoi, tocati
- ½ linguriță de chimen măcinat
- ½ linguriță de semințe de chimen
- ½ linguriță sare de masă
- 2 linguri de muguri de trandafir uscați mărunțiți, tulpinile îndepărtate
- 1¼ linguriță apă de trandafiri

Directii:

a) Combinați uleiul, boia de ardei, ardeiul de Alep, coriandru, usturoi, chimen, chimen și sare într-un castron și cuptor cu microunde până când clocotește și foarte parfumat, aproximativ 1 minut, amestecând la jumătatea cuptorului cu microunde.

b) Bateți în muguri de trandafiri și apă de trandafiri; se lasa sa se raceasca complet.

64. Lămâi conservate

Face 4 lămâi conservate

Ingredient
- 12 lămâi, de preferință Meyer
- $\frac{1}{2}$ cană sare kosher

Directii:

a) Se spală și se usucă 4 lămâi. Tăiați pe lungime în sferturi, oprindu-se la 1 inch de jos, astfel încât lămâile să rămână intacte la bază. Se dau suc de 8 lămâi rămase pentru a da $1\frac{1}{2}$ cană de suc; pune deoparte orice suc suplimentar.

b) Întindeți ușor 1 lămâie tăiată și turnați 2 linguri de sare în centru. Lucrând peste bol, frecați ușor suprafețele tăiate de lămâie, apoi puneți lămâia într-un borcan de 1 litru. Repetați cu restul de lămâi tăiate și cu restul de sare. Adăugați orice sare și sucul acumulate în vas în borcan.

c) Turnați $1\frac{1}{2}$ cană de suc de lămâie în borcan și apăsați ușor pentru a scufunda lămâile. (Adăugați suc suplimentar rezervat în borcan după cum este necesar pentru a acoperi complet lămâile.) Acoperiți borcanul strâns cu capac și agitați. Pune lămâile la frigider, scuturând borcanul o dată pe zi în primele 4 zile pentru a redistribui sarea și sucul. Lăsați lămâile să se întărească în frigider până când sunt lucioase și se înmoaie, 6 până la 8 săptămâni.

d) Pentru utilizare, tăiați cantitatea dorită de lămâie conservată. Dacă doriți, folosiți un cuțit pentru a îndepărta pulpa și miezul alb de pe coajă înainte de utilizare.

65. Napi roz murați

Face 4 cani

Ingredient

- 1¼ cani de otet de vin alb
- 1¼ cană apă
- 2½ linguri de zahăr
- 1½ linguriță sare pentru conserve și murături (vezi această pagină)
- 3 căței de usturoi, zdrobiți și decojiți
- ¾ de linguriță de boabe întregi de ienibahar
- ¾ lingurita boabe de piper negru
- 1 kilogram de napi, decojiți și tăiați în bețe de 2 pe ½ inch
- 1 sfeclă mică, tăiată, decojită și tăiată în bucăți de 1 inch

Directii:

a) Aduceți oțet, apă, zahăr, sare, usturoi, ienibahar și boabe de piper la fiert într-o cratiță medie la foc mediu-mare. Se acopera, se ia de pe foc si se lasa la infuzat 10 minute.

b) Se strecoară saramura printr-o sită cu plasă fină, apoi se întoarce în cratiță.

c) Puneți două borcane de 1 halbă într-un castron și puneți-le sub jet de apă fierbinte până se încălzește, 1 până la 2 minute; se agită uscat. Împachetați napii pe verticală în borcane fierbinți, cu bucăți de sfeclă distribuite uniform peste tot.

d) Aduceți saramura la fierbere scurtă. Folosind o pâlnie și o oală, turnați saramură fierbinte peste legume pentru a le acoperi. Lăsați borcanele să se răcească la temperatura camerei, acoperiți cu capace și lăsați la frigider cel puțin 2 zile înainte de servire. (Napii murați pot fi refrigerați până la 1 lună; napii se vor înmuia în timp.)

66. Ceapa Murata Rapida

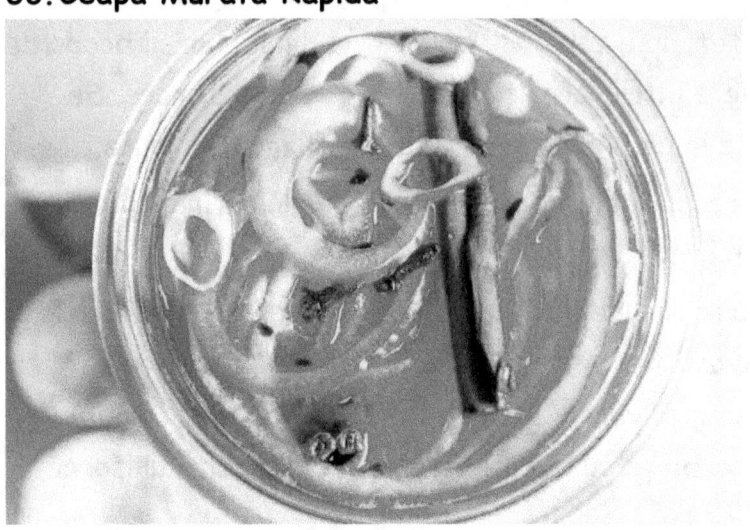

Face 1 cană

Ingredient
- 1 cană oțet de vin roșu
- ⅓ cană zahăr
- ¼ linguriță sare de masă
- 1 ceapă roșie, tăiată în jumătate și feliată subțire

Directii:

a) Aduceți oțetul, zahărul și sarea la fiert într-o cratiță mică la foc mediu-înalt, amestecând din când în când, până când zahărul se dizolvă.

b) Pe foc, amestecați ceapa, acoperiți și lăsați să se răcească complet, aproximativ 1 oră. Servi. (Ceapa murată poate fi refrigerată într-un recipient ermetic timp de până la 1 săptămână.)

67. Ratatouille spaniolă

Porții: 4

Ingrediente:
- 1 ardei gras rosu (tacat cubulete)
- 1 ceapa de marime medie (tacata sau tocata)
- 1 catel de usturoi
- 1 dovlecel (tocat)
- 1 ardei gras verde (tacat cubulete)
- 1 lingura sare
- 1 lingura piper
- 1 cutie de rosii (tocate)
- 3 linguri ulei de masline
- 1 strop de vin alb
- 1 mână de pătrunjel proaspăt

Directii:
a) Într-o tigaie se toarnă uleiul de măsline.
b) Se amestecă ceapa. Se lasă 4 minute de prăjire la foc mediu.
c) Adăugați usturoiul și ardeii. Lăsați încă 2 minute de prăjire.
d) Adăugați dovlecelul, roșiile, vinul alb și asezonați după gust cu sare și piper.
e) Gatiti timp de 30 de minute sau pana cand este gata.
f) Se orneaza cu pătrunjel, dacă se dorește.
g) Serviți cu orez sau pâine prăjită ca garnitură.
h) Bucurați-vă!!!

68. Tocană de fasole și chorizo

Porții: 3

Ingrediente:
- 1 morcov (tacat cubulete)
- 3 linguri ulei de masline
- 1 ceapă de mărime medie
- 1 ardei gras rosu
- 400 g fasole fabes uscata
- 300 de grame de cârnați Chorizo
- 1 ardei gras verde
- 1 cana patrunjel (tocat)
- 300 g roșii (cuburi)
- 2 cani de supa de pui
- 300 grame pulpe de pui (fileuri)
- 6 catei de usturoi
- 1 cartof de marime medie (tacat cubulete)
- 2 linguri de cimbru
- 2 linguri sare dupa gust
- 1 lingura piper

Directii:
a) Într-o tigaie se toarnă ulei vegetal. Se amestecă ceapa. Lăsați 2 minute de prăjire la foc mediu.
b) Într-un castron mare, combinați usturoiul, morcovul, ardeiul gras, chorizo și pulpele de pui. Lăsați 10 minute pentru gătit.
c) Adăugați cimbru, supa de pui, fasole, cartofi, roșii, pătrunjel și asezonați după gust cu sare și piper.
d) Gatiti 30 de minute sau pana cand fasolea este frageda si tocanita s-a ingrosat.

69. Gazpacho

Porții: 6

Ingrediente:
- 2 kg de roșii coapte, tocate
- 1 ardei gras rosu (tacat cubulete)
- 2 catei de usturoi (macinati)
- 1 lingura sare
- 1 lingura piper
- 1 lingura de chimion (macinat)
- 1 cana ceapa rosie (tocata)
- 1 ardei Jalapeno de marime mare
- 1 cană ulei de măsline
- 1 lime 1 castravete de marime medie
- 2 linguri de otet
- 1 cana rosii (suc)
- 1 lingura sos Worcestershire
- 2 linguri busuioc proaspat (tacat felii)
- 2 felii de paine

Directii:
a) Într-un castron, combinați castravetele, roșiile, ardeii, ceapa, usturoiul, jalapeño, sarea și chimenul. Amesteca totul complet.
b) Într-un blender, combinați uleiul de măsline, oțetul, sosul Worcestershire, sucul de lămâie, sucul de roșii și pâinea. Amestecați până când amestecul este complet omogen.
c) Încorporați amestecul amestecat în amestecul original folosind o sită.
d) Asigurați-vă că combinați complet totul.

e) Pune jumătate din amestec în blender și pasează-l în piure. Amestecați până când amestecul este complet omogen.
f) Reveniți amestecul amestecat în restul amestecului. Amesteca totul complet.
g) Dă vasul la frigider timp de 2 ore după ce l-ai acoperit.
h) După 2 ore, scoateți vasul. Se condimentează amestecul cu sare și piper. Presărați busuioc deasupra vasului.
i) Servi.

70. Calamar și orez

Porții: 4

Ingrediente:
- 6 oz. fructe de mare (la alegere)
- 3 catei de usturoi
- 1 ceapă de mărime medie (tăiată felii)
- 3 linguri ulei de masline
- 1 ardei verde (tacat felii)
- 1 linguriță de cerneală de calmar
- 1 legatura patrunjel
- 2 linguri boia de ardei
- 550 de grame de calmar (curățat)
- 1 lingura sare
- 2 telina (taiata cubulete)
- 1 frunză de dafin proaspătă
- 2 roșii de mărime medie (răzuite)
- 300 g orez calasparra
- 125 ml vin alb
- 2 cesti bulion de peste
- 1 lămâie

Directii:

a) Într-o tigaie se toarnă ulei de măsline. Combinați ceapa, frunza de dafin, ardeiul și usturoiul într-un castron. Se lasa cateva minute de prajit.

b) Adăugați calmarul și fructele de mare. Gatiti cateva minute, apoi scoateti calmarul/fructele de mare.

c) Într-un castron mare, combinați boia, roșiile, sarea, țelina, vinul și pătrunjelul. Lăsați 5 minute pentru ca legumele să se termine de gătit.

d) Aruncă orezul clătit în tigaie. Combinați bulionul de pește și cerneala de calmar într-un bol de amestecare.

e) Gatiti in total 10 minute. Combinați fructele de mare și calmarii într-un castron mare.

f) Gatiti inca 5 minute.

g) Serviți cu aioli sau lămâie.

71. Tocană de iepure în roșii

Porții: 5

Ingrediente:
- 1 iepure plin, tăiat în bucăți
- 1 frunză de dafin
- 2 cepe mari
- 3 catei de usturoi
- 2 linguri ulei de masline
- 1 lingurita boia dulce
- 2 crengute rozmarin proaspat
- 1 cutie de rosii
- 1 crenguță de cimbru
- 1 cană de vin alb
- 1 lingura sare
- 1 lingura piper

Directii:
a) Intr-o tigaie se incinge uleiul de masline la foc mediu-mare.
b) Preîncălziți uleiul și adăugați bucățile de iepure. Se prăjește până când bucățile sunt maronii uniform.
c) Scoateți-l după ce este terminat.
d) Adăugați ceapa și usturoiul în aceeași tigaie. Gatiti pana devine complet moale.
e) Într-un castron mare, combinați cimbrul, boia de ardei, rozmarinul, sarea, piperul, roșiile și foaia de dafin. Lăsați 5 minute pentru gătit.
f) Se amestecă bucățile de iepure cu vinul. Se fierbe, acoperit, timp de 2 ore, sau până când bucățile de iepure sunt fierte și sosul s-a îngroșat.
g) Serviți cu cartofi prăjiți sau pâine prăjită.

72. Creveți cu Fenicul

Porții: 3

Ingrediente:
- 1 lingura sare
- 1 lingura piper
- 2 catei de usturoi (tacati felii)
- 2 linguri ulei de masline
- 4 linguri sherry manzanilla
- 1 bulb de fenicul
- 1 mână de tulpini de pătrunjel
- 600 g rosii cherry
- 15 creveți mari, decojiți
- 1 cană de vin alb

Directii:
a) Într-o cratiță mare, încălziți uleiul. Puneți cățeii de usturoi tăiați într-un castron. Se lasa sa se prajeasca pana usturoiul devine maro auriu.
b) Adăugați în amestec feniculul și pătrunjelul. Gatiti 10 minute la foc mic.
c) Într-un castron mare, combinați roșiile, sarea, piperul, sherry și vinul. Aduceți la fiert timp de 7 minute, sau până când sosul este gros.
d) Puneți deasupra creveții decojiți. Gatiti 5 minute sau pana cand crevetii au devenit roz.
e) Se ornează cu o stropire de frunze de pătrunjel.
f) Serviți cu o parte de pâine.

73. Salată crocantă de anghinare cu vinaigretă de lămâie

PORȚII 4

Ingrediente:

- 3 căni de anghinare întregi în borcane, ambalate în apă, tăiate la jumătate, clătite și uscate
- 3 linguri amidon de porumb
- 1 cană ulei de măsline extravirgin pentru prăjit
- 1 lingura suc de lamaie
- $\frac{3}{4}$ linguriță muștar de Dijon
- $\frac{3}{4}$ linguriță eșalotă tocată
- Ciupiți sare de masă
- 4 lingurite ulei de masline extravirgin
- 2 uncii (2 căni) de mizuna sau rucola
- $\frac{3}{4}$ cană mazăre congelată, decongelată
- 1 lingurita Za'atar

Directii:

a) Aruncați anghinarea cu amidon de porumb într-un castron pentru a le acoperi. Încinge 1 cană de ulei într-o tigaie de 12 inchi la foc mediu până când strălucește.

b) Se agită excesul de amidon de porumb din anghinare și se adaugă cu grijă în tigaie într-un singur strat. Gatiti, amestecand ocazional, pana devin aurii si crocante peste tot, 5 pana la 7 minute. Folosind o lingură cu fantă, transferați anghinarea pe o farfurie tapetată cu un prosop de hârtie pentru a se răci ușor, aproximativ 10 minute.

c) Bateți într-un castron sucul de lămâie, muștarul, ceașota și sarea. Se amestecă constant, se stropește încet 4 lingurițe de ulei până se emulsionează.

d) Se amestecă mizuna, mazărea și 2 linguri de vinegretă într-un castron mare. Transferați pe platoul de servire și acoperiți cu anghinare, stropiți cu vinaigretă rămasă și stropiți cu za'atar. Servi.

74. Salata de morcovi si somon afumat

PORȚII DE LA 4 LA 6

Ingrediente:
- 2 kilograme de morcovi cu verdeață atașată, împărțite, $\frac{1}{4}$ de cană de verdeață tocată
- 5 linguri de otet de cidru, impartite
- 1 lingura zahar
- $\frac{1}{8}$ linguriță plus $\frac{3}{4}$ linguriță sare de masă, împărțite
- $\frac{1}{4}$ cană ulei de măsline extravirgin, împărțit
- $\frac{1}{4}$ lingurita de piper
- 1 grapefruit roșu
- 2 linguri de marar proaspat tocat
- 2 lingurițe de muștar de Dijon
- 2 capete andive belgiane (4 uncii fiecare), tăiate în jumătate, fără miez și feliate de $\frac{1}{2}$ inch grosime
- 8 uncii de somon afumat

Directii:

a) Reglați grătarul cuptorului în poziția cea mai joasă și încălziți cuptorul la 450 de grade. Curățați și bărbieriți 4 uncii de morcovi în panglici subțiri cu curățătorul de legume; pus deoparte. Curățați și feliați morcovii rămași cu grosimea de $\frac{1}{4}$ inch; pus deoparte.

b) Puneți la microunde $\frac{1}{4}$ de cană de oțet, zahăr și $\frac{1}{8}$ linguriță de sare într-un castron până se fierbe, 1 până la 2 minute. Se amestecă morcovii rasi, apoi se lasă să stea, amestecând din când în când, timp de 45 de minute. (Morcovii murați scurți pot fi păstrați la frigider până la 5 zile.)

c) Se amestecă morcovii tăiați felii cu 1 lingură de ulei, piper și ½ linguriță de sare într-un castron, apoi se întinde într-un singur strat pe tava de copt cu margine, cu partea tăiată în jos. Se prăjește până când se înmoaie și fundul este bine rumenit, 15 până la 25 de minute. Lasam sa se raceasca putin, aproximativ 15 minute.

d) Între timp, tăiați coaja și miezul de grapefruit. Grepfrutul se pătrunde în sferturi, apoi se taie în cruce în bucăți groase de ¼ inch.

e) Se amestecă într-un castron mare mararul, muștarul, 1 lingură rămasă de oțet și ¼ de linguriță de sare rămasă. Se amestecă constant, se stropesc încet cele 3 linguri de ulei rămase până se emulsionează. Adăugați andive, verdeață de morcov, morcovi prăjiți, morcovi murați și grapefruit și amestecați pentru a combina; se asezoneaza cu sare si piper dupa gust. Aranjați somonul în jurul marginii platoului de servire, apoi transferați salata în centrul platoului. Servi.

75. Salata de sfecla cu iaurt condimentat si nasturel

PORȚII DE LA 4 LA 6

Ingrediente:

- 2 kilograme de sfeclă, tăiată, decojită și tăiată în bucăți de $\frac{3}{4}$ inch
- $1\frac{1}{8}$ linguriță sare de masă, împărțită
- $1\frac{1}{4}$ cani de iaurt grecesc simplu
- $\frac{1}{4}$ cană coriandru proaspăt tocat, împărțit
- 3 linguri ulei de măsline extravirgin, împărțit
- 2 lingurițe de ghimbir proaspăt ras
- 1 lingurita coaja de lime ras plus 2 linguri de suc, impartite
- 1 cățel de usturoi, tocat
- $\frac{1}{2}$ linguriță de chimen măcinat
- $\frac{1}{2}$ lingurita coriandru macinat
- $\frac{1}{4}$ lingurita de piper
- 5 uncii (5 căni) de nasturel, rupt în bucăți de mărimea unei mușcături
- $\frac{1}{4}$ cană de fistic decojit, prăjit și tocat, împărțit

Directii:

a) Combinați sfecla, ⅓cană de apă și $\frac{1}{2}$ linguriță de sare într-un castron mare. Acoperiți și puneți la microunde până când sfecla poate fi străpunsă cu ușurință cu un cuțit de toaletă, timp de 25 până la 30 de minute, amestecând la jumătatea cuptorului cu microunde. Scurgeți sfecla în strecurătoare și lăsați să se răcească.

b) Se amestecă într-un castron iaurt, 3 linguri de coriandru, 2 linguri de ulei, ghimbir, coaja de lămâie și 1 lingură de suc, usturoi, chimen, coriandru, piper și $\frac{1}{2}$ linguriță de sare. Se amestecă încet până la 3 linguri de apă până când amestecul are consistența iaurtului obișnuit. Se condimenteaza cu sare si piper dupa gust. Întindeți amestecul de iaurt peste platoul de servire.

c) Se amestecă nasturel cu 2 linguri de fistic, 2 lingurițe de ulei, 1 linguriță de suc de lamaie și sare într-un castron mare. Aranjați amestecul de nasturel deasupra amestecului de iaurt, lăsând un margine de 1 inch de amestec de iaurt. Aruncați sfecla cu restul de 1 linguriță de ulei, restul de 2 lingurițe de suc de lămâie și restul de sare într-un bol gol.

d) Aranjați amestecul de sfeclă peste amestecul de nasturel. Presărați salata cu 1 lingură de coriandru rămasă și 2 linguri de fistic rămase și serviți.

76. Fattoush cu dovleac și mere

PORȚII 4

Ingrediente:
- 2 pâini pita (8 inchi), tăiate în jumătate în cruce
- ½ cană ulei de măsline extravirgin, împărțit
- ⅛ plus ¾ linguriță sare de masă, împărțit
- ⅛ linguriță de piper
- 2 kg de dovleac, decojiți, fără semințe și tăiați în bucăți de ½ inch
- 3 linguri suc de lamaie
- 4 lingurițe de sumac măcinat, plus suplimentar pentru servire
- 1 cățel de usturoi, tocat
- 1 măr, fără miez și tăiat în bucăți de ½ inch
- ¼ cap de radicchio, fără miez și tocat (1 cană)
- ½ cană pătrunjel proaspăt tocat
- 4 ceai, feliați subțiri

Directii:

a) Reglați rafturile cuptorului în pozițiile mijlocie și inferioară și încălziți cuptorul la 375 de grade. Folosind foarfece de bucătărie, tăiați în jurul perimetrului fiecărei pita și separați în 2 rondele subțiri. Tăiați fiecare rundă în jumătate.

b) Puneți pita cu partea netedă în jos pe un grătar de sârmă așezat în tava de copt cu margine. Ungeți partea aspră a pitei uniform cu 3 linguri de ulei, apoi stropiți cu ⅛ linguriță de sare și piper.

c) Coaceți pe grătarul de sus până când pita sunt crocante și auriu deschis, 8 până la 12 minute. Lasati sa se raceasca complet.

d) Creșteți temperatura cuptorului la 450 de grade. Se amestecă dovleceii cu 1 lingură de ulei și $\frac{1}{2}$ linguriță de sare. Întindeți în strat uniform pe tava de copt cu margine și prăjiți pe grătarul inferior până când se rumenesc și se înmoaie, 20 până la 25 de minute, amestecând la jumătatea timpului. Se lasa deoparte sa se raceasca, aproximativ 10 minute.

e) Se amestecă sucul de lămâie, sumacul, usturoiul și restul de $\frac{1}{4}$ de linguriță de sare într-un castron mic și se lasă să stea timp de 10 minute. Bateți în mod constant, stropiți încet cu $\frac{1}{4}$ de cană de ulei rămas.

f) Rupeți pita răcite în bucăți de $\frac{1}{2}$ inch și puneți-le într-un castron mare. Adăugați dovlecei prăjiți, măr, radicchio, pătrunjel și ceapă. Stropiți sosul peste salată și amestecați ușor pentru a acoperi. Se condimenteaza cu sare si piper dupa gust. Serviți, stropind porțiile individuale cu sumac suplimentar.

77. Panzanella cu Fiddleheads

PORȚII 4

Ingrediente:

- Capete de lăutar de 1 kg, tăiate și curățate
- ½ linguriță sare de masă, împărțită, plus sare pentru albirea capetelor de lăutar
- 6 uncii de pâine ciabatta sau cu aluat, tăiată în bucăți de ¾ inch (4 căni)
- ½ cană ulei de măsline extravirgin, împărțit
- 1 cățel de usturoi, tocat până la pastă
- ½ linguriță de piper, împărțit
- ¼ cană oțet de vin roșu
- 5 uncii de roșii struguri, tăiate la jumătate
- 2 uncii brânză de capră, mărunțită (½ cană)
- ¼ cană busuioc proaspăt tocat

Directii:

a) Aduceți 4 litri de apă la fiert într-o oală mare. Umpleți castronul mare la jumătate cu gheață și apă. Adăugați capetele de lăutar și 1 lingură de sare în apă clocotită și gătiți până devin crocante, aproximativ 5 minute.

b) Folosind un skimmer spider sau o lingură cu fantă, transferați capetele de lăutar în baia de gheață și lăsați să stea până se răcește, aproximativ 2 minute. Transferați capetele de lăutar pe o farfurie tapetată cu un strat triplu de prosoape de hârtie și uscați bine.

c) Aruncați pâinea, 3 linguri de apă și ¼ de linguriță de sare într-un castron mare, stoarceți ușor pâinea până când apa este absorbită. Gătiți amestecul de pâine și ¼ de cană de ulei într-o tigaie antiaderentă de 12 inchi la foc mediu-mare, amestecând des, până când se rumenesc și devine crocant, timp de 7 până la 10 minute.

d) Pe foc, împingeți pâinea pe părțile laterale ale tigaiei. Adăugați 1 lingură de ulei, usturoi și ¼ de linguriță de piper și gătiți folosind căldura reziduală a tigaiei, amestecând amestecul în tigaie, până când este parfumat, aproximativ 10 secunde. Amestecați pâinea în amestecul de usturoi, apoi transferați crutoanele într-un bol pentru a se răci ușor, aproximativ 5 minute.

e) Bateți oțetul, restul de 3 linguri de ulei, restul de ¼ de linguriță de sare și restul de ¼ de linguriță de piper într-un castron mare, până se combină. Adăugați capetele de lăutar, crutoanele și roșiile și amestecați ușor pentru a acoperi. Se condimenteaza cu sare si piper dupa gust. Transferați pe platoul de servire și stropiți cu brânză de capră și busuioc. Servi.

78. Salata de legume tocate si fructe cu sambure

PORȚII DE LA 4 LA 6

Ingrediente:
- 1 kilogram de prune coapte, dar ferme, nectarine, piersici sau caise, tăiate la jumătate, fără sâmburi și tocate
- ½ linguriță plus ⅛ linguriță sare de masă, împărțite
- ½ lingurita zahar
- 2 linguri ulei de masline extravirgin
- 2 linguri suc de lamaie
- ¼ lingurita de piper
- 4 castraveți persani, tăiați în sferturi pe lungime și tocați
- 1 ardei gras roșu, fără tulpină, fără semințe și tocat
- 4 ridichi, tăiate și tocate
- ¼ cană mentă proaspătă tocată
- ¼ cană pătrunjel proaspăt tocat
- 1 șalotă, tocată
- 2 lingurițe de sumac măcinat

Directii:

a) Aruncați prunele cu ½ linguriță de sare și zahăr într-un castron.

b) Transferați într-o strecurătoare cu ochiuri fine și lăsați să se scurgă timp de 15 minute, amestecând din când în când.

c) Bateți uleiul, sucul de lămâie, piperul și restul de ⅛ linguriță de sare într-un castron mare. Adăugați prunele scurse, castraveții, ardeiul gras, ridichile, menta, pătrunjelul, eșalota și sumacul și amestecați ușor pentru a se combina.

d) Asezonați cu sare și piper după gust și serviți imediat.

79. Salata de patrunjel-castraveti cu feta

PORȚII DE LA 4 LA 6 | 15 MIN

Ingrediente:
- 1 lingura melasa de rodie
- 1 lingura otet de vin rosu
- ¼ linguriță sare de masă
- ⅛ linguriță de piper
- Ciupiți piper cayenne
- 3 linguri ulei de măsline extravirgin
- 3 cani de frunze de patrunjel proaspat
- 1 castravete englezesc, tăiat în jumătate pe lungime și feliat subțire
- 1 cană nuci, prăjite și tocate grosier, împărțite
- 1 cană de semințe de rodie, împărțite
- 4 uncii de brânză feta, feliată subțire

Directii:

a) Se amestecă melasă de rodie, oțet, sare, piper și cayenne într-un castron mare. Se amestecă încontinuu, se stropește încet ulei până se emulsionează.

b) Adăugați pătrunjel, castraveți, ½ cană de nuci și ½ cană de semințe de rodie și amestecați. Se condimenteaza cu sare si piper dupa gust.

c) Transferați pe platoul de servire și acoperiți cu feta, ½ cană rămasă de nuci și ½ cană rămasă de semințe de rodie.

d) Servi.

80. Salată de mazăre triplă

PORȚII 4

Ingrediente:
- 4 uncii de mazăre snap cu zahăr, sforile îndepărtate, tăiate pe părtinire în bucăți de ½ inch
- ½ linguriță plus sare de masă, împărțită, plus sare pentru albire
- 9 uncii de mazăre englezească cu coajă, decojită (¾ cană)
- 5 linguri ulei de măsline extravirgin, împărțit
- ¼ cană iaurt grecesc simplu
- 2 linguri plus 1 lingurita suc de lamaie, impartite
- 1 cățel de usturoi, tocat
- 2 lingurițe de muștar de Dijon
- ¼ lingurita de piper
- 2 uncii (2 căni) pentru pui de rucola
- 4 uncii de mazăre de zăpadă, firele îndepărtate, feliate subțiri pe părtinire
- 4 ridichi, tăiate, tăiate în jumătate și feliate subțiri
- ⅓ cană frunze de mentă proaspătă, rupte dacă sunt mari

Direcții:
a) Umpleți castronul mare la jumătate cu gheață și apă. Cuibați strecurătoarea în baia de gheață. Aduceți 1 litru de apă la fiert într-o cratiță medie la foc mare.
b) Adăugați mazăre și 1 lingură de sare și gătiți până când mazărea devine verde strălucitor și fragedă, aproximativ 1 minut.

c) Folosind un skimmer spider sau o lingură cu fantă, transferați mazărea snap într-o strecurătoare pusă în baie de gheață. Adăugați mazărea englezească în apă clocotită și gătiți până când este verde aprins și se înmoaie, aproximativ 1½ minute.

d) Transferați într-o strecurătoare cu mazăre și lăsați să stea până se răcește, aproximativ 5 minute. Ridicați strecurătoarea din baia de gheață și transferați mazărea pe farfuria tapetată cu prosoape de hârtie cu trei straturi și uscați bine; pus deoparte.

e) Se amestecă ¼ de cană de ulei, iaurt, 2 linguri de suc de lămâie, usturoi, muștar, piper și ½ linguriță de sare împreună într-un castron. Întindeți amestecul de iaurt peste platoul de servire.

f) Aruncați rucola, mazărea de zăpadă, ridichile, menta și mazărea răcită cu 1 linguriță de suc de lămâie rămasă, un praf de sare rămas și 1 lingură de ulei rămasă într-un castron mare separat.

g) Aranjați salata deasupra amestecului de iaurt. Serviți imediat, combinând salata cu amestecul de iaurt în timp ce serviți.

81. Salata de cartofi dulci cu migdale

PORȚII 6

Ingrediente:

- 3 kg de cartofi dulci, decojiți și tăiați în bucăți de ¾ inch
- 6 linguri ulei de măsline extravirgin, împărțit
- 2 lingurițe sare de masă
- 3 ceai, feliați subțiri
- 3 linguri suc de lime (2 lime)
- 1 ardei iute jalapeño, cu tulpină, fără semințe și tocat
- 1 lingurita chimen macinat
- 1 lingurita boia afumata
- 1 lingurita piper
- 1 cățel de usturoi, tocat
- ½ linguriță de ienibahar măcinat
- ½ cană frunze și tulpini de coriandru proaspăt, tocate grosier
- ½ cană migdale întregi, prăjite și tocate

Directii:

a) Reglați grătarul cuptorului în poziția de mijloc și încălziți cuptorul la 450 de grade. Se amestecă cartofii cu 2 linguri de ulei și sare, apoi se transferă pe tava de copt cu margine și se întinde într-un strat uniform. Prăjiți până când cartofii sunt fragezi și abia încep să se rumenească, 30 până la 40 de minute, amestecând la jumătatea prăjirii. Lăsați cartofii să se răcească timp de 30 de minute.

b) Între timp, combinați ceapa verde, sucul de lămâie, jalapeño, chimenul, boia de ardei, ardeiul, usturoiul, ienibaharul și restul de $\frac{1}{4}$ de cană de ulei într-un castron mare. Adăugați coriandru, migdale și cartofi și amestecați pentru a se combina. Servi.

82. Horiatiki Salata

PORȚII 4

Ingrediente:
- 1¾ de kilograme de roșii coapte, fără miez
- 1¼ linguriță sare de masă, împărțită
- ½ ceapă roșie, feliată subțire
- 2 linguri otet de vin rosu
- 1 lingurita de oregano uscat, plus extra pentru condimentare
- ½ lingurita de piper
- 1 castravete englezesc, tăiat în sferturi pe lungime și tăiat în bucăți de ¾ inch
- 1 ardei gras verde, fără tulpină, fără semințe și tăiat în fâșii de 2 pe ½ inch
- 1 cană măsline Kalamata fără sâmburi
- 2 linguri capere, clătite
- ¼ de cană de ulei de măsline extravirgin, plus extra pentru stropire
- 1 bloc de brânză feta (8 uncii), feliat în triunghiuri de ½ inch grosime

Directii:
a) Tăiați roșiile în felii de ½ inch grosime. Tăiați felii în jumătate în cruce.
b) Se amestecă roșiile și ½ linguriță de sare într-o strecurătoare pusă într-un castron mare. Lăsați să se scurgă timp de 30 de minute. Pune ceapa într-un castron mic, se acoperă cu apă cu gheață și se lasă să stea timp de 15 minute.

c) Bateți oțetul, oregano, piperul și restul de ¾ de linguriță de sare într-un al doilea castron mic.

d) Aruncați sucul de roșii și transferați roșiile într-un vas gol. Scurgeți ceapa și adăugați-o în bolul cu roșii.

e) Adăugați amestecul de oțet, castraveții, ardeiul gras, măslinele și caperele și amestecați pentru a se combina. Stropiți cu ulei și amestecați ușor pentru a acoperi.

f) Se condimenteaza cu sare si piper dupa gust. Transferați pe platoul de servire și acoperiți cu feta. Asezonați fiecare felie de feta cu oregano suplimentar după gust și stropiți cu ulei suplimentar. Servi.

83. Salată de feta, jicama și roșii

PORȚII 4

Ingrediente:
- 1¾ de kilograme de roșii coapte, fără miez
- ¼ de linguriță sare de masă, plus sare pentru săratul legumelor
- ½ ceapă roșie, feliată subțire
- 3 linguri suc de lime (2 lime)
- 1¼ linguriță de oregano uscat, împărțit
- ¾ cană coriandru proaspăt tocat, împărțit
- ½ lingurita de piper
- 12 uncii de jicama, decojită și tăiată în bucăți de ¼ inch
- 6 ridichi, tăiate și tăiate în bucăți de ¼ inch
- 1 cană măsline Kalamata fără sâmburi
- ¼ de cană de ulei de măsline extravirgin, plus extra pentru stropire
- 1 bloc de brânză feta (8 uncii), feliat în triunghiuri de ½ inch grosime

Directii:
a) Tăiați roșiile în felii de ½ inch grosime. Tăiați felii în jumătate în cruce.
b) Se amestecă roșiile și ½ linguriță de sare într-o strecurătoare pusă într-un castron mare. Lăsați să se scurgă timp de 30 de minute. Pune ceapa într-un castron mic, se acoperă cu apă cu gheață și se lasă să stea timp de 15 minute. Bateți sucul de lămâie, 1 linguriță de oregano, ½ cană

de coriandru, piper și restul de ¼ de linguriță de sare împreună în al doilea castron mic.

c) Aruncați sucul de roșii și transferați roșiile într-un vas gol. Scurgeți ceapa și adăugați-o în bolul cu roșii. Adăugați amestecul de lime, jicama, ridichile și măslinele și amestecați pentru a combina.

d) Stropiți cu ulei și amestecați ușor pentru a acoperi. Se condimenteaza cu sare si piper dupa gust. Transferați pe platoul de servire și acoperiți cu feta.

e) Presărați feta uniform cu ¼ de linguriță de oregano și ¼ de cană de coriandru rămasă. Serviți, stropind cu ulei suplimentar.

84. Salată de dovleac Pattypan prăjită

PORȚII DE LA 4 LA 6 | 1 HR

Ingrediente:

Pesto

- 1 uncie verdeață de păpădie, tăiată și ruptă în bucăți mici
- 3 linguri de seminte de floarea soarelui prajite
- 3 linguri de apa
- 1 lingura sirop de artar
- 1 lingura otet de cidru
- 1 cățel de usturoi, tocat
- ¼ linguriță sare de masă
- ⅛ linguriță fulgi de ardei roșu
- ¼ cană ulei de măsline extravirgin

Salată

- 2 linguri ulei de masline extravirgin
- 2 lingurite sirop de artar
- ½ linguriță sare de masă
- ⅛ linguriță de piper
- 1½ kilograme de dovleac pattypan, tăiați la jumătate pe orizontală
- 4 spice de porumb, sâmburi tăiați din știulete
- 1 kilogram de roșii coapte, fără miez, tăiate în felii de ½ inch grosime și felii tăiate la jumătate în cruce
- 1 uncie verdeață de păpădie, tăiată și ruptă în bucăți mici (1 cană)
- 2 linguri seminte de floarea soarelui prajite

Directii:

a) Pentru pesto: Ajustați grătarul cuptorului în poziția cea mai joasă, așezați tava de copt cu ramă pe grătar și încălziți cuptorul la 500 de grade. Procesați verdeața de păpădie, semințele de floarea soarelui, apa, siropul de arțar, oțetul, usturoiul, sare și fulgi de piper în robotul de bucătărie până se măcina fin, aproximativ 1 minut, răzuind părțile laterale ale bolului după cum este necesar. Cu procesorul în funcțiune, stropiți încet ulei până se încorporează.

b) Pentru salată: amestecați uleiul, siropul de arțar, sare și piper într-un castron mare. Adăugați dovleceii și porumbul și amestecați pentru a se acoperi. Lucrând rapid, întindeți legumele într-un singur strat pe foaie fierbinte, aranjați dovleceii tăiați în jos.

c) Se prăjește până când partea tăiată a dovleacului este rumenită și fragedă, 15 până la 18 minute. Transferați tava pe un grătar și lăsați să se răcească puțin, aproximativ 15 minute.

d) Combinați dovleceii prăjiți și porumbul, jumătate de pesto, roșiile și verdeața de păpădie într-un castron mare și amestecați ușor pentru a se combina.

e) Stropiți cu pesto rămas și stropiți cu semințe de floarea soarelui. Servi.

85. Panna Cotta de ciocolată

5 portii

Ingrediente:

- 500 ml smântână groasă
- 10 g gelatină
- 70 g ciocolată neagră
- 2 linguri de iaurt
- 3 linguri de zahar
- putina sare

Directii:

a) Într-o cantitate mică de smântână, înmuiați gelatina.

b) Într-o cratiță mică, turnați smântâna rămasă. Aduceți zahărul și iaurtul la fiert, amestecând din când în când, dar nu fierbeți. Scoateți tigaia de pe foc.

c) Se amestecă ciocolata și gelatina până se dizolvă complet.

d) Umpleți formele cu aluat și dați la rece 2-3 ore.

e) Pentru a elibera panna cotta din matriță, treceți-o câteva secunde sub apă fierbinte înainte de a îndepărta desertul.

f) Decoreaza dupa bunul plac si serveste!

86. Cheesy Galette cu Salam

5 portii

Ingrediente:
- 130 g unt
- 300 g faina
- 1 lingurita sare
- 1 ou
- 80 ml lapte
- 1/2 lingurita otet
- Umplere:
- 1 rosie
- 1 ardei dulce
- zucchini
- salam
- mozzarella
- 1 lingurita ulei de masline
- ierburi (cum ar fi cimbru, busuioc, spanac)

Directii:

a) Taie untul cubulete.
b) Într-un castron sau tigaie, combinați uleiul, făina și sarea și tăiați cu un cuțit.
c) Aruncați un ou, puțin oțet și puțin lapte.
d) Începeți să frământați aluatul. Dă-l la frigider pentru o jumătate de oră după ce ai făcut o bilă și l-ai învelit în folie de plastic.
e) Tăiați toate ingredientele de umplutură.
f) Puneți umplutura în centrul unui cerc mare de aluat care a fost întins pe pergament de copt (cu excepția Mozzarella).
g) Stropiți cu ulei de măsline și asezonați cu sare și piper.
h) Apoi ridicați cu grijă marginile aluatului, înfășurați-le în jurul secțiunilor suprapuse și apăsați-le ușor.
i) Preîncălziți cuptorul la 200°C și coaceți timp de 35 de minute. Adăugați mozzarella cu zece minute înainte de sfârșitul timpului de coacere și continuați coacerea.
j) Serviți imediat!

87. Tiramisu

Porții: 6

Ingrediente:
- 4 gălbenușuri de ou
- ¼ cană zahăr alb
- 1 lingurita extract de vanilie
- ½ cană smântână pentru frișcă
- 2 căni de brânză mascarpone
- 30 de degete de doamnă
- 1 ½ cană de cafea preparată la rece, păstrată la frigider
- ¾ cană lichior Frangelico
- 2 linguri pudra de cacao neindulcita

Directii:
a) Într-un lighean de amestecare, amestecați gălbenușurile de ou, zahărul și extractul de vanilie până devine cremos.
b) După aceea, bateți smântâna pentru frișcă până la fermitate.
c) Combina branza mascarpone si frisca.
d) Într-un castron mic, îndoiți ușor mascarpone în gălbenușurile de ou și lăsați deoparte.
e) Combinați lichiorul cu cafeaua rece.
f) Înmuiați imediat degetele în amestecul de cafea. Dacă degetele doamnei devin prea umede sau prea umede, se vor udă.
g) Așezați jumătate din degetele de doamnă pe fundul unui vas de copt de 9 x 13 inci.
h) Pune jumătate din amestecul de umplutură deasupra.
i) Puneți degetele rămase deasupra.
j) Pune un capac peste vas. După aceea, se răcește timp de 1 oră.
k) Pudrați cu pudră de cacao.

88. Plăcintă cremoasă de ricotta

Porții: 6

Ingrediente:
- 1 crustă de plăcintă cumpărată din magazin
- 1 ½ lb. brânză ricotta
- ½ cană brânză mascarpone
- 4 ouă batute
- ½ cană zahăr alb
- 1 linguri rachiu

Directii:
a) Preîncălziți cuptorul la 350 de grade Fahrenheit.
b) Combinați toate ingredientele de umplutură într-un bol de amestecare. Apoi turnați amestecul în crustă.
c) Preîncălziți cuptorul la 350°F și coaceți timp de 45 de minute.
d) Dă plăcinta la frigider pentru cel puțin 1 oră înainte de servire.

89. Biscuiți cu anason

Porții: 36

Ingrediente:
- 1 cană zahăr
- 1 cană de unt
- 3 căni de făină
- ½ cană lapte
- 2 oua batute
- 1 lingura praf de copt
- 1 lingurita extract de migdale
- 2 lingurite lichior de anason
- 1 cană zahăr cofetar

Directii:
a) Preîncălziți cuptorul la 375 de grade Fahrenheit.
b) Se amestecă zahărul și untul până devine ușor și pufos.
c) Încorporați treptat făina, laptele, ouăle, praful de copt și extractul de migdale.
d) Framantam aluatul pana devine lipicios.
e) Creați bile mici din bucăți de aluat de 1 inch lungime.
f) Preîncălziți cuptorul la 350 ° F și ungeți o tavă de copt. Pune bilele pe tava de copt.
g) Preîncălziți cuptorul la 350°F și coaceți prăjiturile timp de 8 minute.
h) Combinați lichiorul de anason, zahărul de cofetă și 2 linguri de apă fierbinte într-un castron.
i) La sfârșit, înmuiați fursecurile în glazură cât sunt încă calde.

90. Panna Cotta

Porții: 6

Ingrediente:
- ⅓ cană lapte
- 1 pachet gelatina fara aroma
- 2 ½ căni de smântână groasă
- ¼ cană zahăr
- ¾ cană de căpșuni feliate
- 3 linguri de zahar brun
- 3 linguri rachiu

Directii:
a) Amestecați laptele și gelatina până când gelatina se dizolvă complet. Scoateți din ecuație.
b) Într-o cratiță mică, aduceți smântâna grea și zahărul la fiert.
c) Încorporați amestecul de gelatină în smântâna groasă și amestecați timp de 1 minut.
d) Împărțiți amestecul în 5 rame.
e) Puneți folie de plastic peste ramekine. După aceea, se răcește timp de 6 ore.
f) Într-un castron, combinați căpșunile, zahărul brun și coniacul; se lasa la rece cel putin 1 ora.
g) Puneți căpșunile deasupra panna cotta.

91. Flan de Caramel

Porții: 4

Ingrediente:
- 1 lingurita extract de vanilie
- 4 ouă
- 2 cutii de lapte (1 evaporat si 1 condensat indulcit)
- 2 cesti de frisca
- 8 linguri de zahăr

Directii:
a) Preîncălziți cuptorul la 350 de grade Fahrenheit.
b) Într-o tigaie antiaderentă, topește zahărul la foc mediu până devine auriu.
c) Turnați zahărul lichefiat într-o tavă cât este încă fierbinte.
d) Într-un vas de amestec, spargeți și bateți ouăle. Combinați laptele condensat, extractul de vanilie, smântâna și laptele îndulcit într-un castron. Faceți un amestec amănunțit.
e) Turnați aluatul în tava de copt acoperită cu zahăr topit. Puneți tigaia într-o tigaie mai mare cu 1 inch de apă clocotită.
f) Coaceți timp de 60 de minute.

92. Crema Catalana

Porții: 3

Ingrediente:
- 4 gălbenușuri de ou
- 1 scorțișoară (băț)
- 1 lamaie (coaja)
- 2 linguri amidon de porumb
- 1 cană zahăr
- 2 cani de lapte
- 3 căni de fructe proaspete (fructe de pădure sau smochine)

Directii:
a) Într-o tigaie, amestecați gălbenușurile de ou și o porție mare de zahăr. Amestecați până când amestecul devine spumos și neted.
b) Adauga batonul de scortisoara cu coaja de lamaie. Faceți un amestec amănunțit.
c) Amestecați amidonul de porumb și laptele. La foc mic, amestecați până când amestecul se îngroașă.
d) Scoateți oala din cuptor. Se lasa sa se raceasca cateva minute.
e) Puneți amestecul în rame și puneți deoparte.
f) Se lasa deoparte cel putin 3 ore la frigider.
g) Când este gata de servire, turnați zahărul rămas peste ramekine.
h) Puneți ramekinele pe raftul de jos al cazanului. Lasă zahărul să se topească până capătă o culoare maro auriu.
i) Ca garnitură, se servește cu fructe.

93. Bomboane cu nuci spaniole

Porții: 1 porție

Ingredient
- 1 cană de lapte
- 3 căni de zahăr brun deschis
- 1 lingura de unt
- 1 lingurita extract de vanilie
- 1 kg carne de nucă; tocat

Directii:
a) Se fierbe laptele cu zaharul brun pana cand se caramelizeaza, apoi se adauga untul si esenta de vanilie chiar inainte de servire.
b) Chiar înainte de a scoate bomboana de pe foc, adaugă nucile.
c) Într-un castron mare, combinați bine nucile și turnați amestecul în formele de brioșe pregătite.
d) Tăiați imediat pătrate cu un cuțit ascuțit.

94. Budincă cu miere

Porții: 6 porții

Ingredient
- ¼ cană unt nesărat
- 1½ cană de lapte
- 2 ouă mari; ușor bătută
- 6 felii pâine albă de țară; rupt
- ½ cană Clear; miere subțire, plus
- 1 lingura Clear; miere subțire
- ½ cană apă fierbinte; la care se adauga
- 1 lingură apă fierbinte
- ¼ linguriță scorțișoară măcinată
- ¼ lingurita de vanilie

Directii:
a) Preîncălziți cuptorul la 350 de grade și folosiți puțin unt pentru a unge un vas de plăcintă de sticlă de 9 inci. Amestecați laptele și ouăle, apoi adăugați bucățile de pâine și întoarceți-le pentru a le acoperi uniform.
b) Lăsați pâinea la macerat timp de 15 până la 20 de minute, răsturnând-o o dată sau de două ori. Într-o tigaie mare antiaderentă, încălziți untul rămas la foc mediu.
c) Prăjiți pâinea înmuiată în unt până devine aurie, aproximativ 2 până la 3 minute pe fiecare parte. Transferați pâinea în tava de copt.
d) Într-un castron, combinați mierea și apa fierbinte și amestecați până când amestecul se omogenizează.
e) Se amestecă scorțișoara și vanilia și se stropește amestecul peste și în jurul pâinii.
f) Coaceți aproximativ 30 de minute, sau până când se rumenesc.

95. tort cu ceapă spaniolă

Porții: 2 porții

Ingredient
- ½ lingurita ulei de masline
- 1 litru de ceapă spaniolă
- ¼ cană apă
- ¼ cană vin roșu
- ¼ lingurita rozmarin uscat
- 250 de grame de cartofi
- 3/16 cană iaurt natural
- ½ lingură făină simplă
- ½ ou
- ¼ cană parmezan
- ⅛ cană pătrunjel italian tocat

Directii:
a) Pregătiți ceapa spaniolă tăind-o felii subțiri și răzând cartofii și parmezanul.
b) Într-o tigaie cu fundul greu, încălziți uleiul. Gatiti, amestecand din cand in cand, pana ce ceapa este moale.
c) Se fierbe timp de 20 de minute sau până când lichidul s-a evaporat și ceapa a căpătat o culoare maro-închis-roșiatică.
d) Se amestecă rozmarinul, cartofii, făina, iaurtul, ouăle și parmezanul într-un castron. Se amestecă ceapa.
e) Într-un vas de flan de 25 cm bine uns, întindeți uniform ingredientele. Preîncălziți cuptorul la 200°C și coaceți timp de 35-40 de minute, sau până când se rumenesc.
f) Se ornează cu pătrunjel înainte de a tăia felii și de a servi.

96. Sufleu spaniol la tigaie

Porții: 1

Ingredient
- 1 cutie de orez brun spaniol rapid
- 4 ouă
- 4 uncii ardei iute verde tocat
- 1 cană de apă
- 1 cană brânză rasă

Directii:
a) Urmați instrucțiunile de ambalare pentru gătirea conținutului cutiei.
b) Când orezul este gata, amestecați restul de ingrediente, cu excepția brânzei.
c) Acoperiți cu brânză rasă și coaceți la 325°F timp de 30-35 de minute.

97. Semifreddo de miere congelată

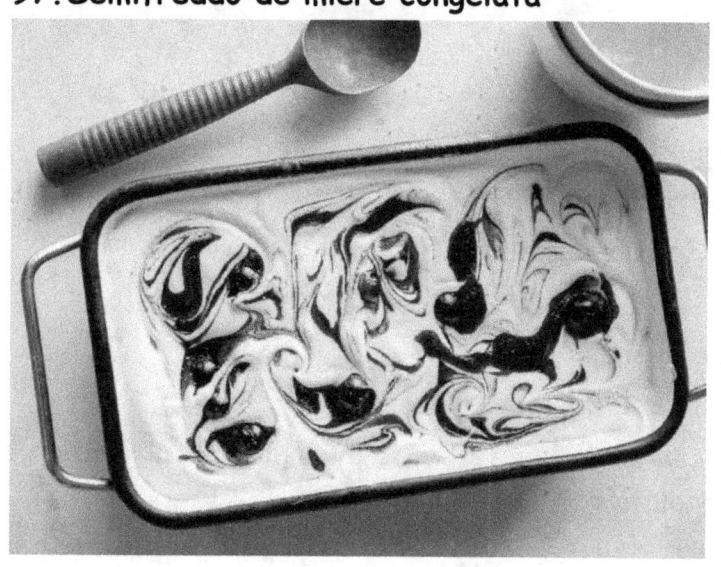

Porții: 8 porții

Ingrediente
- 8 uncii de smântână groasă
- 1 lingurita extract de vanilie
- 1/4 lingurita apa de trandafiri
- 4 ouă mari
- 4 1/2 uncii de miere
- 1/4 linguriță plus 1/8 linguriță sare kosher
- Topping-uri, cum ar fi fructe tăiate, nuci prăjite, nituri de cacao sau ciocolată ras

Directii
a) Preîncălziți cuptorul la 350°F. Tapetați o tavă de 9 pe 5 inci cu folie de plastic sau hârtie de pergament.
b) Pentru Semifreddo, în bolul unui mixer cu suport prevăzut cu un accesoriu de tel, bateți smântâna, vanilia și apa de trandafiri până se întăresc.
c) Transferați într-un castron sau farfurie separată, acoperiți și răciți până este gata de utilizare.
d) În bolul unui mixer cu stand, amestecați ouăle, mierea și sarea. Pentru a amesteca, folosiți o spatulă flexibilă pentru a amesteca totul. Reglați căldura pentru a menține o fierbere lent peste baia de apă pregătită, asigurându-vă că vasul nu atinge apa.
e) Într-un lighean de oțel inoxidabil, gătiți, învârtiți și răzuiți în mod regulat cu o spatulă flexibilă, până când se încălzește la 165 ° F, aproximativ 10 minute.

f) Transferați amestecul într-un mixer cu suport echipat cu un accesoriu de tel după ce ajunge la 165°F. Bateți ouăle la mare putere până devin spumoase.

g) Bateți ușor jumătate din frișca pregătită cu mâna. Adăugați ingredientele rămase, bateți rapid, apoi pliați cu o spatulă flexibilă până se omogenizează bine.

h) Răzuiți în tava de pâine pregătită, acoperiți strâns și congelați timp de 8 ore sau până când este suficient de solid pentru a fi feliat sau până când temperatura internă atinge 0°F.

i) Răsturnați semifreddo pe un vas răcit pentru a servi.

98. Zabaglione

Porții: 4

Ingrediente
- 4 gălbenușuri de ou
- 1/4 cană zahăr
- 1/2 cană Marsala Dry sau alt vin alb sec
- câteva crengute de mentă proaspătă

Directii:

a) Într-un lighean termorezistent, amestecați gălbenușurile și zahărul până când devin galben pal și lucios. Marsala ar trebui apoi introdusă.

b) Aduceți o oală medie plină cu apă până la fierbere scăzută. Începeți să bateți amestecul de ou/vin în vasul termorezistent deasupra oalei.

c) Continuați să bateți timp de 10 minute cu bătăi electrice (sau un tel) peste apă fierbinte.

d) Utilizați un termometru cu citire instantanee pentru a vă asigura că amestecul atinge 160 ° F în timpul perioadei de gătire.

e) Luați de pe foc și puneți zabaglione peste fructele pregătite, garnisind cu frunze de mentă proaspătă.

f) Zabaglione este la fel de delicios servit deasupra înghețatei sau singur.

99. Ceapa Sumac

Face aproximativ 2 cani

Ingredient

- 1 ceapă roşie, tăiată în jumătate şi tăiată prin rădăcină în bucăţi de $\frac{1}{4}$ inch
- 2 linguri suc de lamaie
- 2 linguri otet de vin rosu
- 1 lingura ulei de masline extravirgin
- 1 lingură sumac măcinat
- $\frac{1}{2}$ lingurita zahar
- $\frac{1}{4}$ linguriță sare de masă

Directii:

a) Combinaţi toate ingredientele într-un bol.

b) Lasă să stea, amestecând din când în când timp de 1 oră. (Ceapa poate fi refrigerată până la 1 săptămână).

100. Zhoug verde

Face aproximativ ½ cană

Ingredient

- 6 linguri ulei de măsline extravirgin
- ½ lingurita coriandru macinat
- ¼ linguriță de chimen măcinat
- ¼ de linguriță cardamom măcinat
- ¼ linguriță sare de masă
- Ciupiți cuișoarele măcinate
- ¾ cană frunze de coriandru proaspăt
- ½ cană frunze de pătrunjel proaspăt
- 2 ardei iute verzi thailandezi, tulpini și tocate
- 2 catei de usturoi, tocati

Directii:

a) Uleiul cu microunde, coriandru, chimen, cardamom, sare și cuișoare într-un vas acoperit până când sunt parfumate, aproximativ 30 de secunde; se lasa sa se raceasca complet.

b) Pulsați amestecul de ulei și condimente, coriandru, pătrunjel, ardei iute și usturoi în robotul de bucătărie până se formează o pastă grosieră, aproximativ 15 impulsuri, răzuind părțile bolului după cum este necesar.

CONCLUZIE

Gătitul din zona mediteraneană nu trebuie confundat cu dieta mediteraneană, popularizată datorită beneficiilor aparente pentru sănătate ale unei diete bogate în ulei de măsline, grâu și alte cereale, fructe, legume și o anumită cantitate de fructe de mare, dar scăzută. în carne și produse lactate.

Bucătăria mediteraneană cuprinde modurile în care aceste și alte ingrediente, inclusiv carnea, sunt tratate în bucătărie, indiferent dacă sunt dătătoare de sănătate sau nu.

Te interesează să încerci dieta mediteraneană? Începeți cu aceste sfaturi:

A. Construiți mese în jurul legumelor, fasolei și cerealelor integrale.
B. Mănâncă pește de cel puțin două ori pe săptămână.
C. Utilizați ulei de măsline în loc de unt la prepararea alimentelor.

www.ingramcontent.com/pod-product-compliance
Lightning Source LLC
Chambersburg PA
CBHW070656120526
44590CB00013BA/982